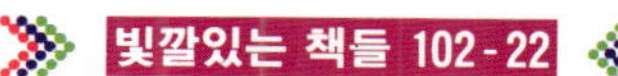
빛깔있는 책들 102-22

고분

글, 사진/김기웅

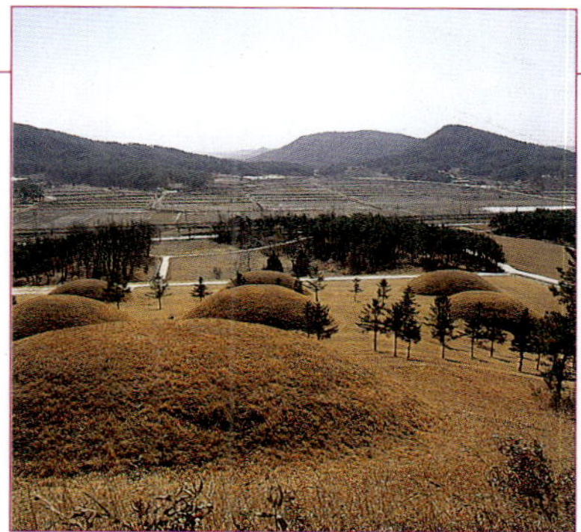

대원사

김기웅 ────────

일본 와세다대학에서 문학박사
학위(고고학)를 취득하였다. 경희
대학교 교수, 문화재관리국 전문위
원을 지냈다. 저서로 『朝鮮半島の
壁畵古墳』, 『百濟の古墳』, 『新羅の
古墳』, 『伽倻の古墳』, 『한국의 원시
고대미술』, 『고분』 등 여러 책이
있고 「가야의 관모에 대하여」,
「삼국시대의 무기 소고」를 비롯
한 여러 논문이 있다.

고분

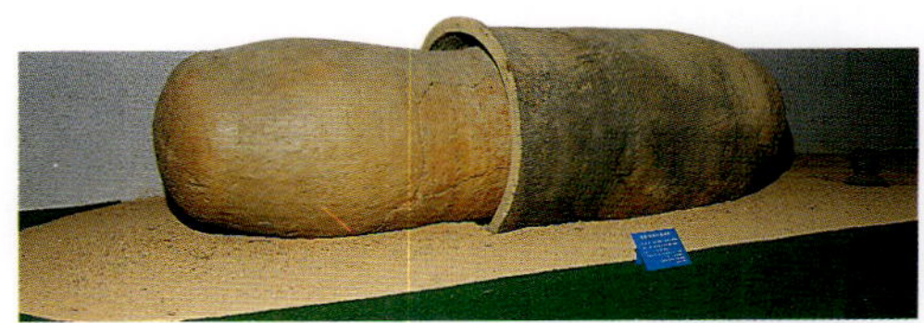

고분

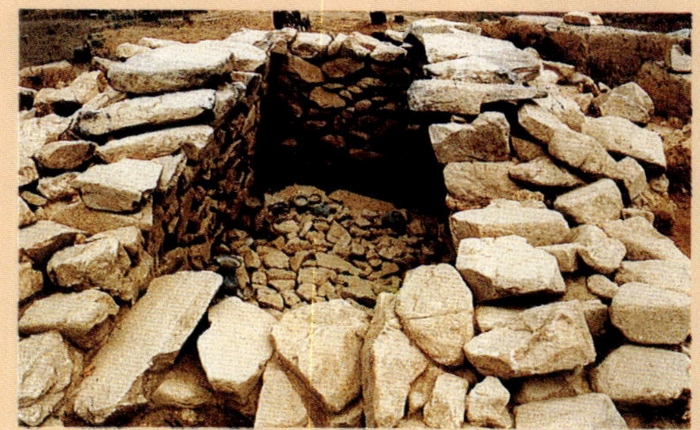

머리말

　고고학에서는 삼국시대를 가리켜 고분 시대 또는 고분 문화 시대라고 한다. 고고학의 현황에서는 이 시대의 문화 복원이 주로 고분의 연구에 의하여 이루어지기 때문이다. 다시 말하면 고고학상으로 고분은 삼국시대의 문화, 사회상 등을 파악하는 데 있어 표지적 존재가 되고 있다.

　고분이란 용어는 단순히 '고대의 분묘(墳墓)'라는 말을 줄인 것이 아니며 고대의 분묘 전부를 가리키는 것도 아니다. 대체로 한정된 시대에 몇 가지 요소를 구비한 지배층의 분묘를 고분이라고 한다. 여기에서 말하는 한정된 시대란 국가라는 형태를 이루기 전인 부족 사회에서 국가적 통제가 확립되어 가는 삼국의 건국 시기로부터 신라에 의하여 이루어진 삼국 통일 뒤 화장(火葬)의 성행에 따라 고분의 축조가 쇠퇴된 시기까지를 말한다. 그리고 몇 가지 요소로서 입지 조건, 분구의 외형과 규모, 외부 시설, 내부 구조, 다량의 부장품 외에 이와 관련된 시설 등을 들 수 있고 나아가서 이러한 모든 요소가 유기적으로 결합되어 이루어진 구조 형식의 지배층 분묘여야 한다.

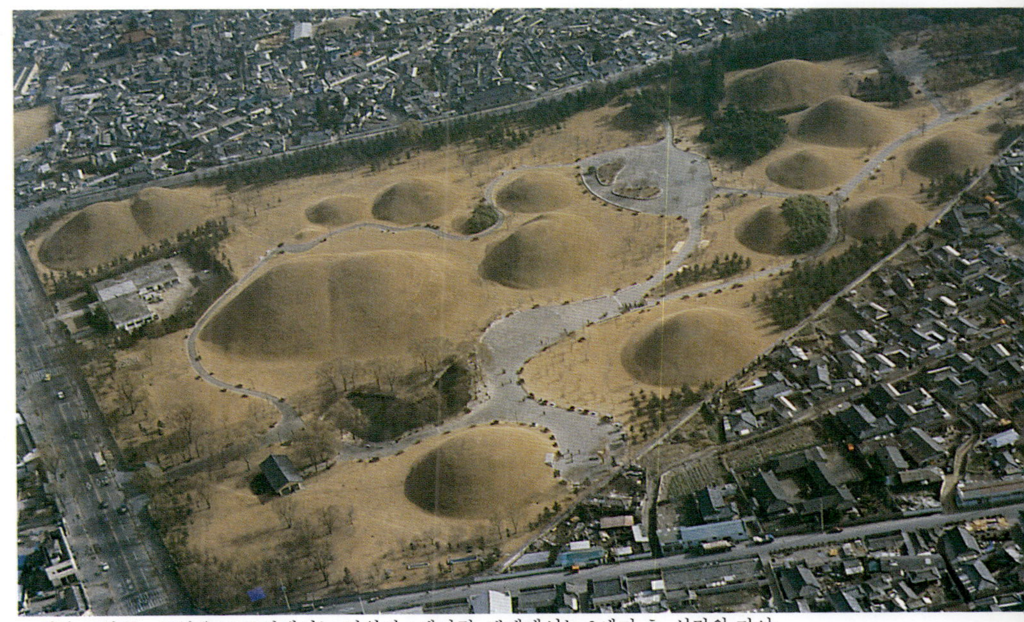

신라 고분군 고분은 고구려에서는 기원전 1세기경, 백제에서는 3세기 초, 신라와 가야
에서는 3세기 중엽경에 발생하였다고 본다.

　　이러한 고분은 지배층인 피장자의 정치적, 사회적 위치를 잘 나타
내며 당시의 매장 관념과 함께 피장자가 속하고 있던 시대상, 사회
상 등도 반영하고 있다. 뿐만 아니라 고분의 내용은 시대에 따라
변화, 발전하고 지역에 따라 다른 특색을 지니고 있다. 따라서 고분
축조의 실태를 정확하게 파악함으로써 고분 문화 시대의 추이와
지역 사회의 면모를 알 수 있다.

　　고분의 발생 시기는 고대 국가인 고구려, 백제, 신라, 가야(가야는
읍락 국가의 연맹체를 구성하고 있었다) 등 여러 나라의 성립 시기
가 동일하지 않은 것과 같이 일정하지 않다. 그러나 그 동안의 연구
성과에 의하여 고구려에서는 서기전 1세기경, 백제에서는 3세기
초, 신라와 가야에서는 3세기 중엽경에 고분이 발생하였다고 본다.

그리고 고분의 형성에 있어 고구려, 백제, 신라, 가야 등 각 나라들은 자기 영역 및 인접 지역의 선행 분묘 형식을 종합, 집대성하여 독창적인 고분을 영조하였던 것이다.

한편 정치적 정세와 밀접한 관련이 있는 선진 외래 묘제의 모든 요소를 끊임없이 흡수하면서 각기 특색을 지닌 보다 나은 고분을 축조하였다.

이제 시대적 변천과 지역적 편차가 뒤섞여 복잡한 양상을 띠고 있는 삼국시대와 통일신라시대의 우리나라 고분 구조 형식의 변천과 성격을 살펴보고자 한다.

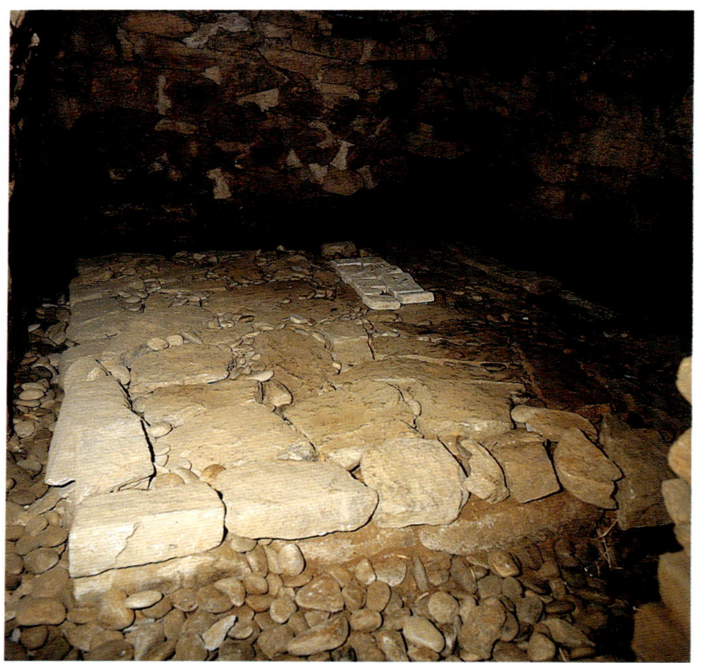

백제 고분인 방이동 제1호분 시상대

고구려

고분의 분포

　고구려 고분은 옛 고구려의 영역에 넓게 분포하고 있는데 그 가운데에서도 고구려 전기의 중심지였던 환인(桓仁 ; 中國遼寧省) 지방의 훈강(渾江)과 그 지류인 부이강(富爾江) 유역, 중기의 도읍지였던 집안(輯安, 集安 ; 中國吉林省)을 중심으로 한 압록강의 중류 북안 지역, 후기의 도읍지였던 평양(平壤)을 중심으로 한 대동강 유역에 모여 있다. 이 밖에 압록강 남쪽 지류인 자성강(慈城江), 독로강(禿魯江) 유역과 중국 유수림자하(楡樹林子河) 유역에도 밀집하고 있다.

　이러한 지역 가운데 환인 지방에서는 고력묘자촌(高力墓子村) 고분군이 알려져 있고 집안 지방에서는 우산(禹山, 如山)의 동남 기슭 일대의 우산하(禹山下) 고분군, 우산의 남쪽 기슭에서 통구하(通溝河) 왼쪽 강가 일대의 산성하(山城下) 고분군, 통구하의 오른쪽 강가 및 산성자산(山城子山) 기슭의 만보정(萬寶汀) 고분군, 통구하 아래 유역의 칠성산(七星山) 고분군, 마선하(麻線河) 유역의

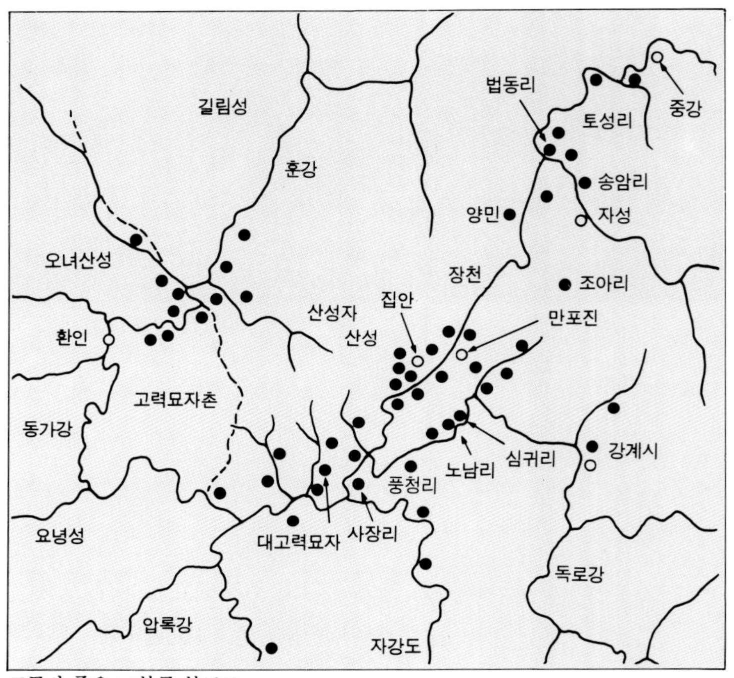

고구려 주요 고분군 분포도

마선구(麻線溝) 고분군 등이 유명하다. 특히 집안 지역은 대동강
유역과 함께 훌륭한 고구려 벽화 고분(壁畵古墳)이 여러 기(基)
분포하고 있다.

평양 지방에서는 평양에서 진남포(鎭南浦)에 이르는 대동강 하류
의 남북 유역에 널리 분포하고 있으며 대동강 이북의 평양 부근에도
군집하고 있다. 그리고 한반도 북부에 위치한 자성강 유역의 법동리
(法洞里), 송암리(松岩里), 조아리(照牙里) 등과 독로강 유역의 심귀
리(深貴里), 노남리(魯南里), 풍청리(豊淸里) 등에도 분포하고 있으
며 또 초산(楚山), 위원(渭原), 운산(雲山) 지구 등 고구려의 남진
통로였던 지역에도 널리 분포하고 있다.

고분의 입지

　고구려의 고분은 하천 부근이나 평지에도 있으나 대부분 산을
뒤로 하고 넓은 평야를 앞에 한 전망이 좋은 구릉(丘陵) 지대 또는
나지막한 대지(臺地) 위에 축조하였다.

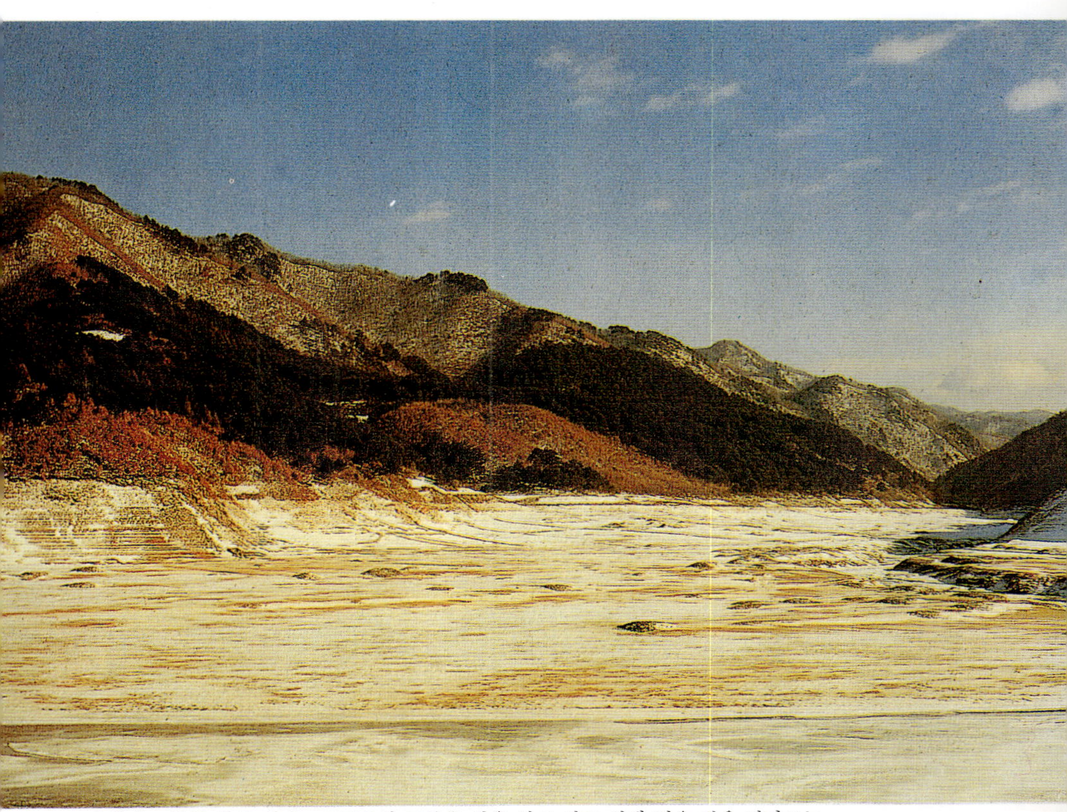

송암리 고분군 분포 상태　고구려의 고분은 산을 뒤로 하고 앞에 넓은 벌을 바라보는
곳에 축조하였다.

고분의 구조

　고구려의 고분은 분구(墳丘)의 축조 형식(築造形式)에 의하여 크게 적석총과 봉토분으로 나눌 수 있는데 처음에는 적석총이 지배적 위치를 차지하나 뒤에는 봉토분이 주류를 이루게 된다.

적석총(積石塚)

　분구　적석총의 분구는 일반적으로 크고 작은 강돌, 막돌, 다듬은 돌 등을 쌓아서 축성하였는데 그 외형은 절두 방추형(截頭方錐形)이고 평면은 방형(方形) 또는 장방형(長方形)을 이루고 있다. 평면이 장방형을 이룬 분구는 대체로 2기 이상의 적석총을 병일하여 덧붙여 쌓았기 때문이다.

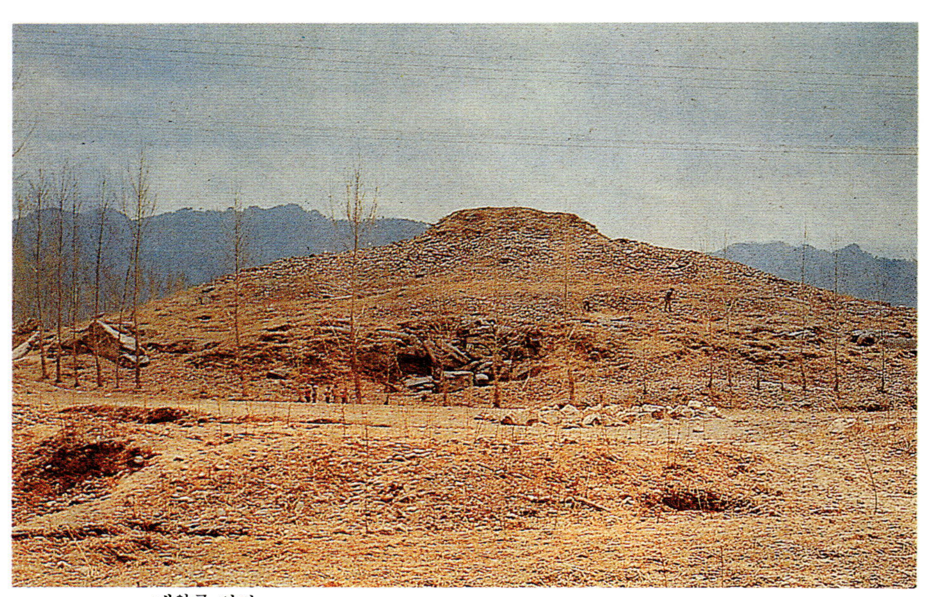

태왕릉 외경

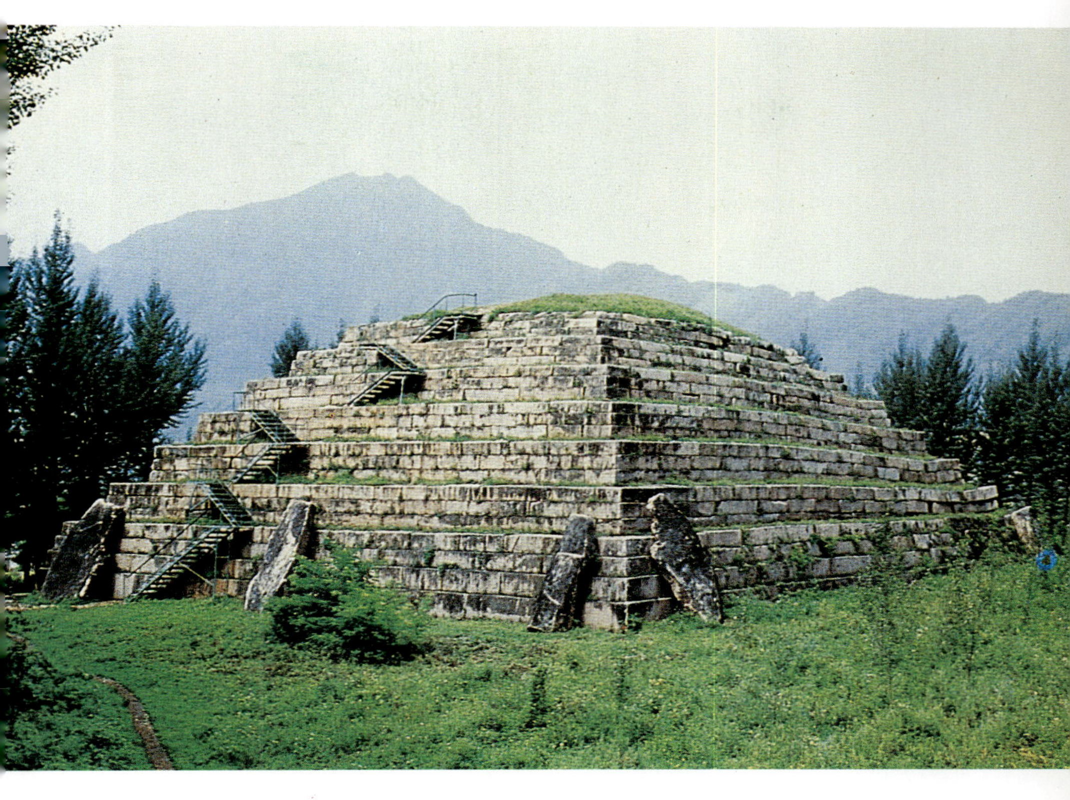

장군총 고구려의 대표적인 적석총 가운데 하나이다. 적석 분구를 축성하기에 앞서
  분구 기저부 바닥에 자갈을 고르게 깔았고 보다 높게 쌓아올리기 위하여 여러 층의
  방형단을 안으로 좁히면서 쌓아 계단형을 이루었다.

　　이러한 예로는 고력묘자촌 제15호분과 4기의 적석총을 남북으로 연이어 쌓은 만보정 제242호분 등이 있다. 분구를 축성하기에 앞서 분구 기저부 바닥에 돌을 고르게 깔았고 보다 높게 쌓아올릴 때에는 여러 층의 방형단을 안으로 좁히면서 쌓아 계단형을 이루게 하였는데 그 예로 고력묘자촌 제15호분, 장군총(將軍塚), 태왕릉(太王陵) 등이 있다. 이때 계단의 수는 3 내지 5단이 보통이나 큰 적석총은 7단인 경우도 있다. 특히 분구가 계단형을 이룬 적석총에 있어서는 기단부 네 변에 커다란 버침돌을 세우기도 하는데 만보정 제242호분의 경우에는 한 변에 10개 이상을 세웠고 또 제2방단에도 세워 박았다.

　　분구의 크기는 작은 것일 경우에는 한 변의 길이 약 5미터, 높이 2미터 정도이고 큰 것은 한 변의 길이 30 내지 60미터, 높이 10 내지 20미터 정도이다. 장군총은 한 변의 길이 약 31.58미터, 높이

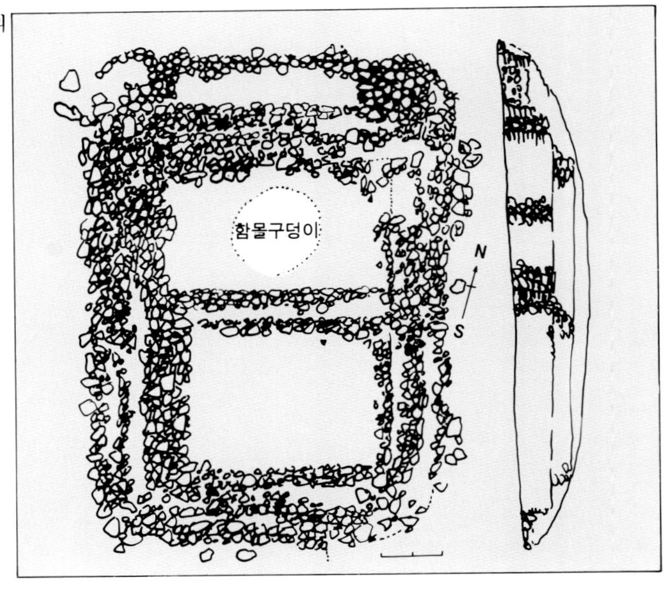

고력묘자촌 제15호분의 구조

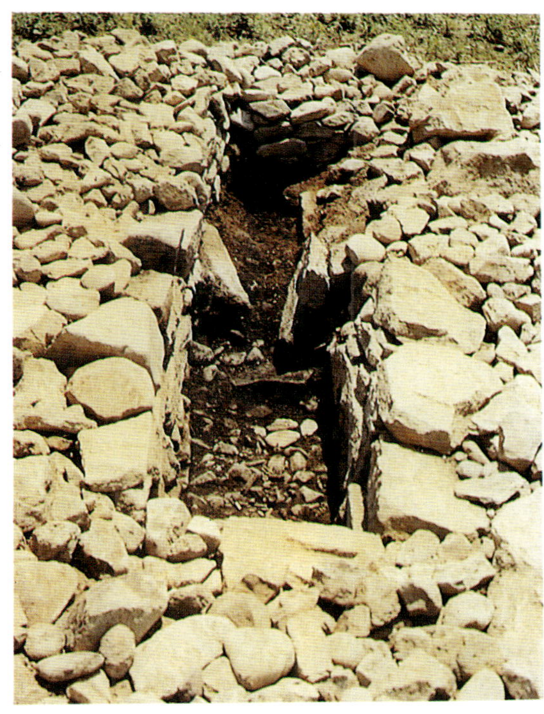

12.4미터이다. 태왕릉은 한 변의 길이 66미터, 높이는 현재 제3방단까지 분명한데 그 높이가 14.8미터인 점과 기단부의 길이를 고려한다면 온전할 때의 높이는 30여 미터 정도였을 것으로 추측케 한다. 그리고 적석 분구의 기저부에 두른 기단의 유무에 의하여 무기단(無基壇) 적석총과 기단(基壇) 적석총으로 구분하기도 한다.

내부 구조 적석총의 내부 구조는 석곽(石槨), 연도부 석곽(羨道附石槨), 횡혈식 석실(橫穴式石室) 등 세 형식으로 크게 나눈다.

석곽은 지면에서 수십 센티미터에서 1미터 정도의 높이로 자갈을 고르게 깔아 바닥을 만들고 거기에 시체 또는 시체를 수장한 관을 안치하고 그 둘레와 위에 돌을 쌓아 만든 것, 자갈을 간 바닥의 둘레에 약간 큰 돌을 쌓아서 만든 평면이 장방형인 석곽 등이 있다. 석곽의 천장은 목재와 같은 썩기 쉬운 것을 사용한 경우와 천장 시설을 하지 않은 경우가 있는데 큰 뚜껑돌이 없는 석곽이 대부분을 차지한다. 그 예로 양민(良民) 제168호분, 하활룡촌(下活龍村) 제8호분, 심귀리(深貴里) 제78호분, 노남리 남파동(魯南里南坡洞) 제163호분, 서해리(西海里) 제2호분군, 제1호분, 송암리(松岩里) 제4호분, 풍청리(豊淸里) 제33호분 등이 있다. 이러한 석곽은 하나의 분구 아래에 2개가 있는 적석총도 있는데 양민 제74호분, 심귀리 제99호분 등이 그러하다.

연도부 석곽이란 앞에서 본 형식의 석곽 한 쪽 벽면에 형식적인 연도가 달린 것으로 고력묘자촌 제11호분, 만보정 제78호분, 용호동

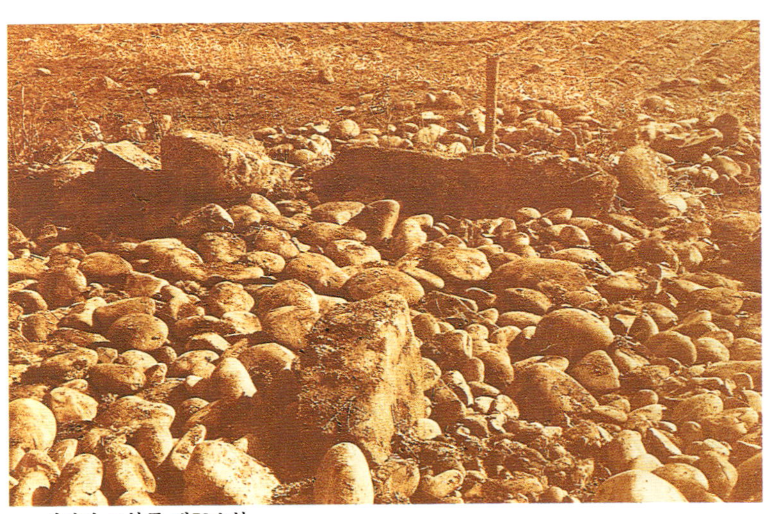

심귀리 고분군 제78호분

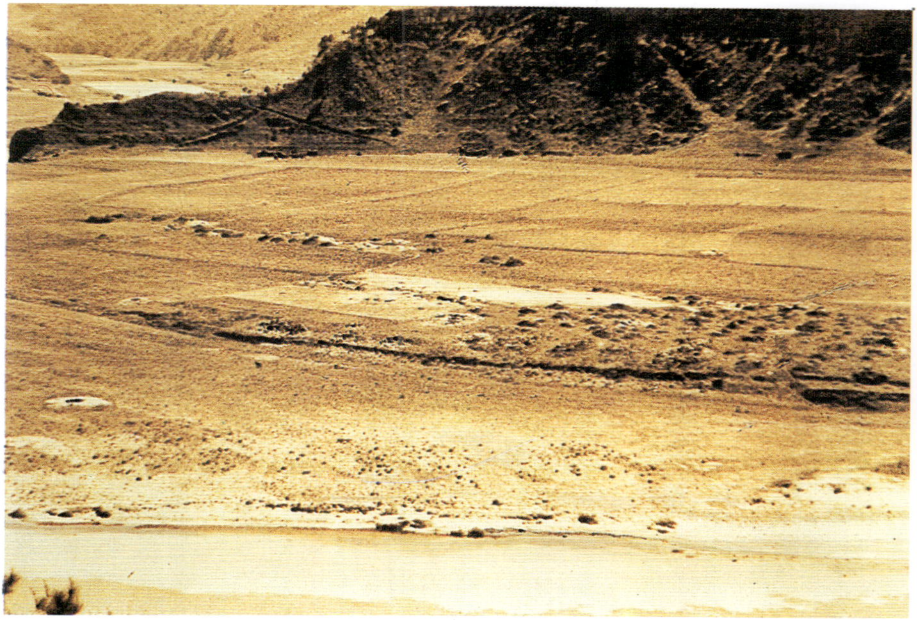

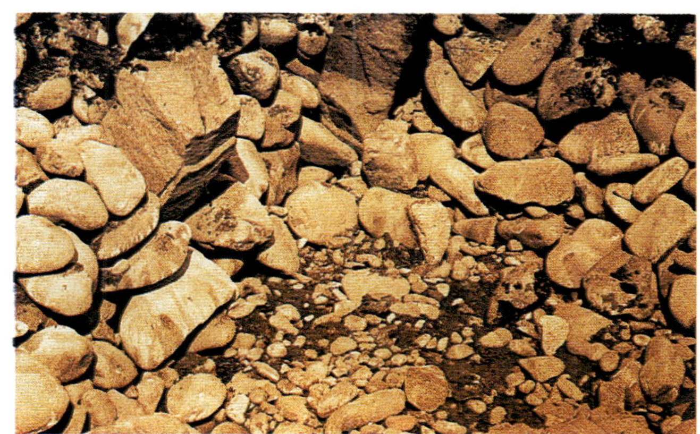

노남리 남파동 고분군(위)

노남리 남파동 제33호분 석곽   이 고분은 길이 9미터, 너비 8미터 되는 방형에
  가까운 적석총인데 2단까지는 잘 남아 있으나 그 위는 허물어져 알 수 없
  다.(아래)

(龍湖洞) 제1호분, 노남리 남파동 제33호분, 제100호분이 있다. 고력묘자촌 제11호분은 3단으로 계단형을 쌓은 적석총으로서 제1방단 윗면에 작은 막돌, 자갈 등을 깔아 바닥으로 한 곽실을 만들었는데 서벽 중앙이 열려 있어 연도와 같은 느낌을 준다. 노남리 남파동 제100호분은 길이 9미터, 너비 8미터 되는 방형에 가까운 적석총인데 2단까지는 보존 상태가 좋다. 길이 180센티미터, 너비 50 내지 60센티미터 정도 되는 곽실은 제1방단 윗면에 만들어졌으며 서벽은 막지 않고 뻗어서 연도를 이루고 있다. 그리고 남파동 제33호분은 길이 9미터, 너비 8미터 되는 방형에 가까운 적석총인데 2단까지는 잘 남아 있으나 그 위는 허물어져서 알 수 없고 제2방단 윗면에 남북으로 2개의 장방형 곽실을 나란히 만들었다. 곽실의 서벽 서쪽 구석에 길이 150센티미터가 넘는 네모난 깬 돌을 세워 놓았는데 문기둥을 표시한 것으로 보인다.

횡혈식 석실은 막돌, 포갠 돌, 다듬은 돌 등을 쌓아올려서 연도의 좌우 양벽과 현실의 네 벽을 구축하고 천장에는 큰 판석을 덮은 구조이다.

횡혈식 석실은 천장의 구조 형식에 따라 세분되는데 그 하나는 평천장식(平天障式)으로 대표적인 분묘는 고력묘자촌 제1호분, 칠성산 제96호분, 유수림대고력묘군 제47호분, 장군총, 태왕릉 등으로서 장군총은 잘 다듬은 화강석재로 7단의 방단(方壇)을 계단형으로 쌓았고 분구의 정상은 절두방추형을 이루었으며 제1방단은 4단이지만 제2방단에서부터 윗부분은 3단으로 되어 있다. 높이는 12.4미터, 제1방단의 한 변은 약 31.58미터, 제일 위의 제7방단의 한 변은 약 15미터이고 각 변은 각각 방위선상(方位線上)에 놓여 있으며 제1방단의 각 변에는 각기 3개의 긴 자연석(가장 큰 것의 너비는 약 2.7미터, 길이는 4.5미터)이 기대어 세워져 있다. 그 내부 주체인 횡혈식 석실은 제3방단의 윗면이 현실 바닥이고 제5방단의 서남면

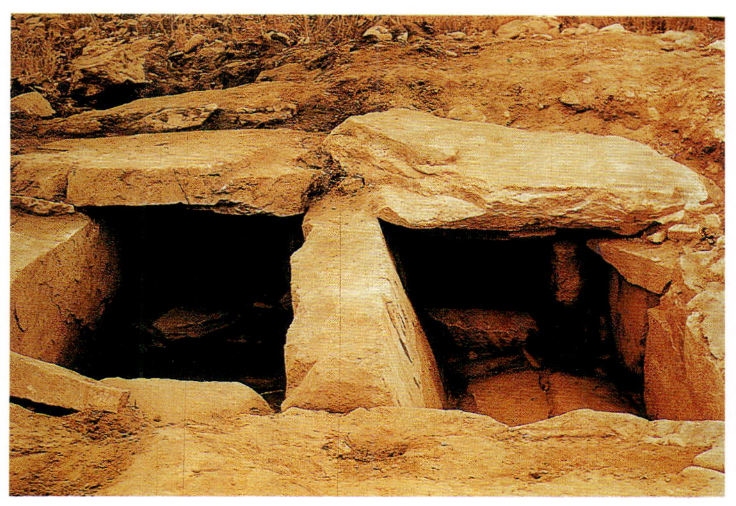

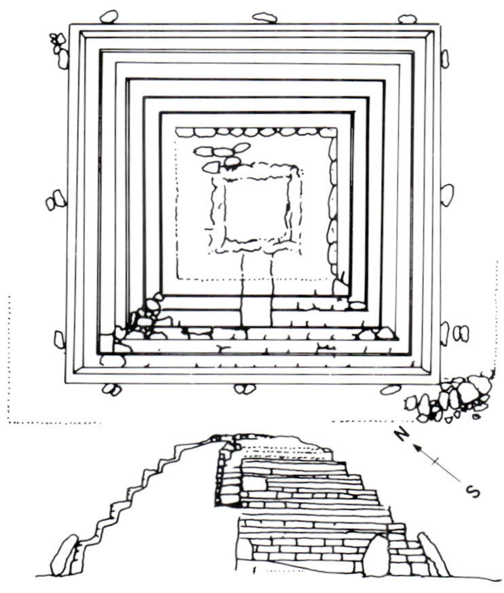

운펑리 고분군 제2지구 제10호분 석실 이 고분의 내부 구조와 같은 횡혈식 석실은 막돌, 포갠 돌, 다듬은 돌 등을 쌓아올려서 연도의 좌우 양벽과 현실의 네 벽을 구축하고 천장에는 큰 판석을 덮은 구조이다.(위)

평천장식 횡혈식 석실인 장군총의 구조(왼쪽)

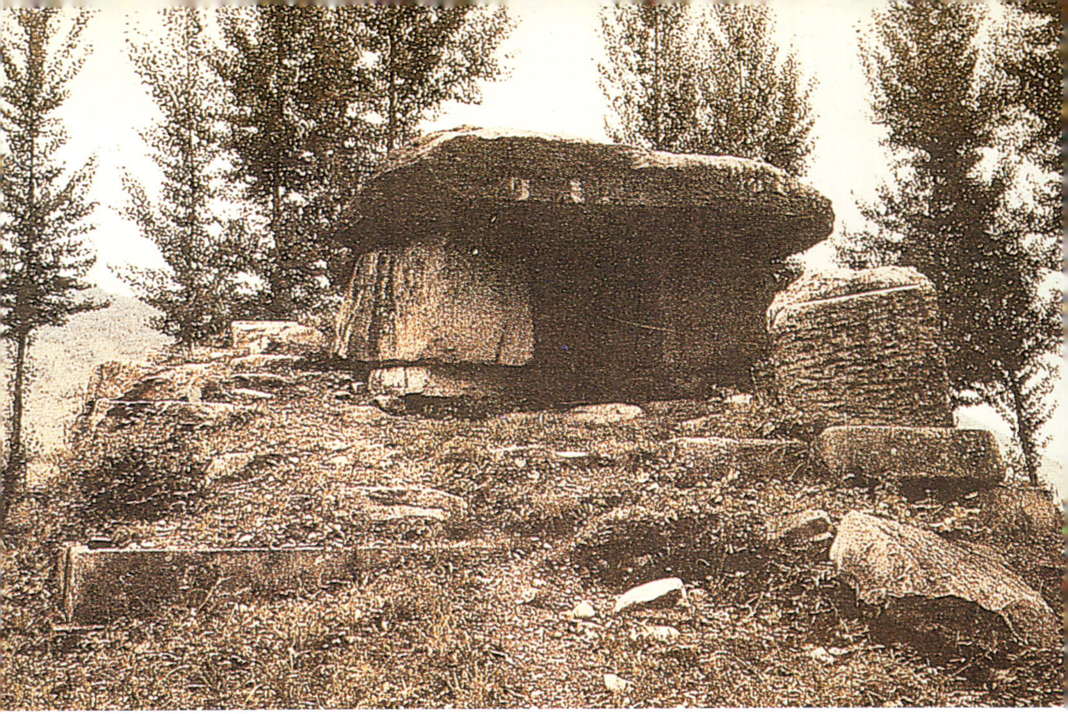

장군총 제1호 배총

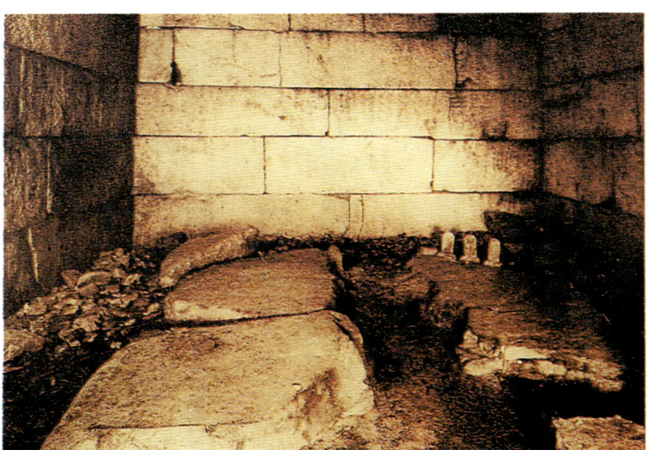

장군총 현실 바닥

20 고구려

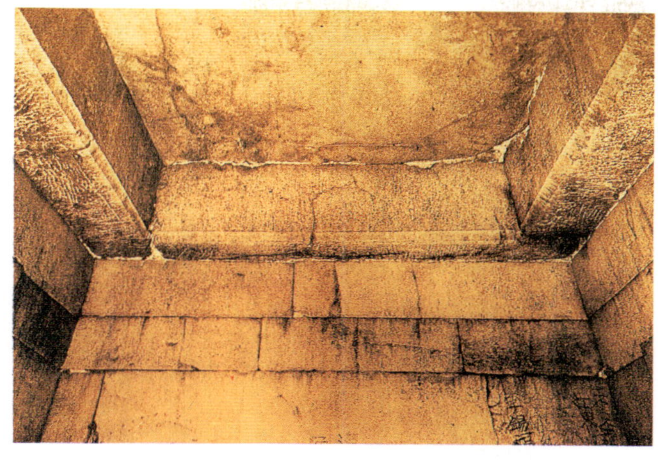

에 연도가 달려 있으며 평면은 정방형, 한 변의 길이는 약 5.5미터, 높이 또한 약 5.5미터이다. 현실의 네 벽은 다듬은 화강암을 사용하여 6단으로 쌓아올리고 네 벽의 윗부분에는 벽면과 평행으로 1단의 방주형(方柱形) 평행 굄돌을 놓고 그 위에 커다란 판석 한 장을 덮어 구축한 평천장이다. 그리고 벽면, 천장에는 석회를 바르고 현실 입구에는 2장의 돌문이 있었으나 파괴되었다. 연도의 길이는 약 5.45미터, 너비 2.6미터, 높이 약 2.6미터이다. 특히 유수림대고력묘군 제47호분은 2개의 횡혈식 석실이 동서로 병치되어 있는 쌍실분으로서 석실 바닥은 지표 가까이에 놓여 있고 천장은 평천장으로 되어 있다.

　다음 하나는 궁륭 천장식(穹窿天障式)이다. 그 예로 유감총(有龕塚), 사아천장총(四阿天障塚), 절천장총(折天障塚) 등이 있는데 그 가운데에서 유감총은 분구의 남북 길이 15미터, 동서 길이 16미터가 되는 계단형 적석총으로 지금의 높이는 5.5미터로 5단까지는 잘 남아 있으나 그 위는 허물어져 본래에는 7단이었던 것으로 여겨

22쪽 그림

진다. 중앙에 석실이 노출되었고 연문(羨門)은 서서남쪽으로 향하였으며 석실 내부는 무너졌다. 이맛돌에서 바닥까지는 2미터이고 한 변의 길이는 약 4.5미터로 추측된다. 네 벽은 편평한 석회암을 옆으로 쌓아 축조하고 천장은 궁륭 천장인데 정상에는 큰 돌을 덮었다. 그리고 연문의 좌우에는 작은 감실이 있고 벽면에는 벽화 고분에서처럼 회칠을 하였다.

사아천장총은 횡혈식 석실의 네 벽을 위로 올라가면서 점차 안쪽으로 기울어지게 쌓아 천장 위를 좁히고 그 위에 천장돌을 덮었다.

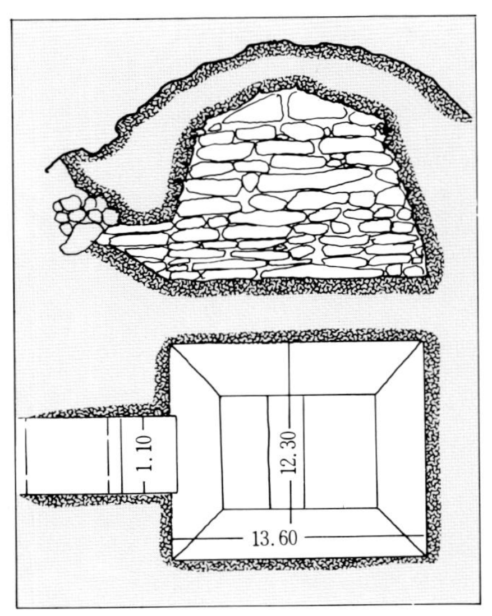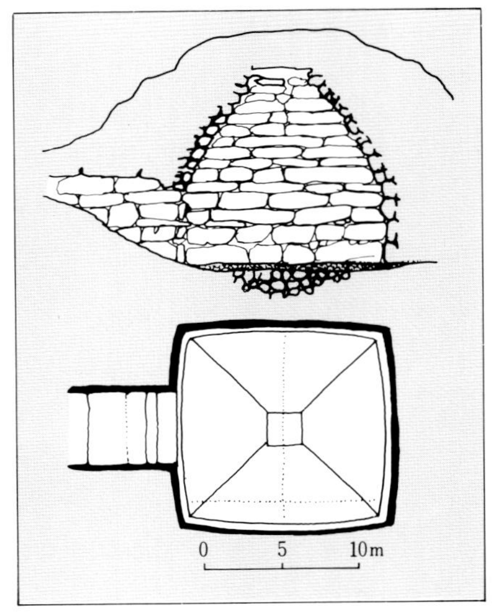

절천장총의 구조 네 벽이 위로 올라가면서 점차 안쪽으로 기울어지게 쌓아 천장 부분을 좁히고 그 위에 천장돌을 덮어 궁륭 천장을 구축하였다.(왼쪽)

사아천장총의 구조 횡혈식 석실의 네 벽을 위로 올라가면서 점차 안쪽으로 기울어지게 쌓아 천장 부분을 좁히고 그 위에 천장돌을 덮었다.(오른쪽)

절천장총은 네 벽을 위로 올라가면서 점차 안쪽으로 기울어지게 쌓아 천장 부분을 좁히고 그 위에 천장돌 3개로 덮어 궁륭 천장을 구축하였다.

위에서 살펴본 것처럼 고구려의 적석총은 내부 시설을 기준으로 할 때 석곽 적석총, 연도부 석곽 적석총, 석실 적석총 등 세 형식으로 나눈다.

봉토분(封土墳)

분구　봉토분의 분구는 일반적으로 흙을 쌓고 그 위에 잔디를 입히는데 견고하게 축성된 분구는 묘실 외부에 우선 막돌을 쌓고 그 위에 진흙을 덮었으며 다시 숯 또는 석회를 깔고서 흙을 덮은 다음에 잔디를 입히기도 하였다. 일부 고분의 분구 위에서 기왓조각들이 발견되기도 한다. 그리고 분구 기저부에 2 내지 3단의 돌기단(石基壇)을 두른 것이 있는데 이러한 고분 기저부 주위에는 막돌 또는 냇돌을 다져 깔고 흙을 덮은 위에 잔디를 입혀 묘역 시설을 하기도 하였다. 분구의 겉모양은 거의 모두가 방대형(方臺形)을 이루고 있으나 삼실총(三室塚)은 원형이다.

분구의 규모가 큰 예로 대동군 대보면 서기리(大同郡大寶面西綺里) 제7호분은 기저부의 한 변이 약 33미터, 높이 약 7.5미터가 되며 방대형이다. 기저부에 돌기단을 쌓은 것에는 호남리 사신총(湖南里四神塚), 진파리 제10호분(眞坡里第10號墳) 등이 있고 호남리 사신총은 냇돌을 깔아 묘역 시설을 하였다. 그리고 기단의 유무에 상관없이 방대형 분구의 각변은 거의 모두 방위선상에 있다.

내부 구조　봉토분의 내부 구조에는 수혈식 석곽(竪穴式石槨)도 있으나 대부분이 횡혈식 석실이다. 횡혈식 석실은 일반적으로 연도와 현실(玄室)로 이루어지는데 전실(前室)이라든가 측실(側

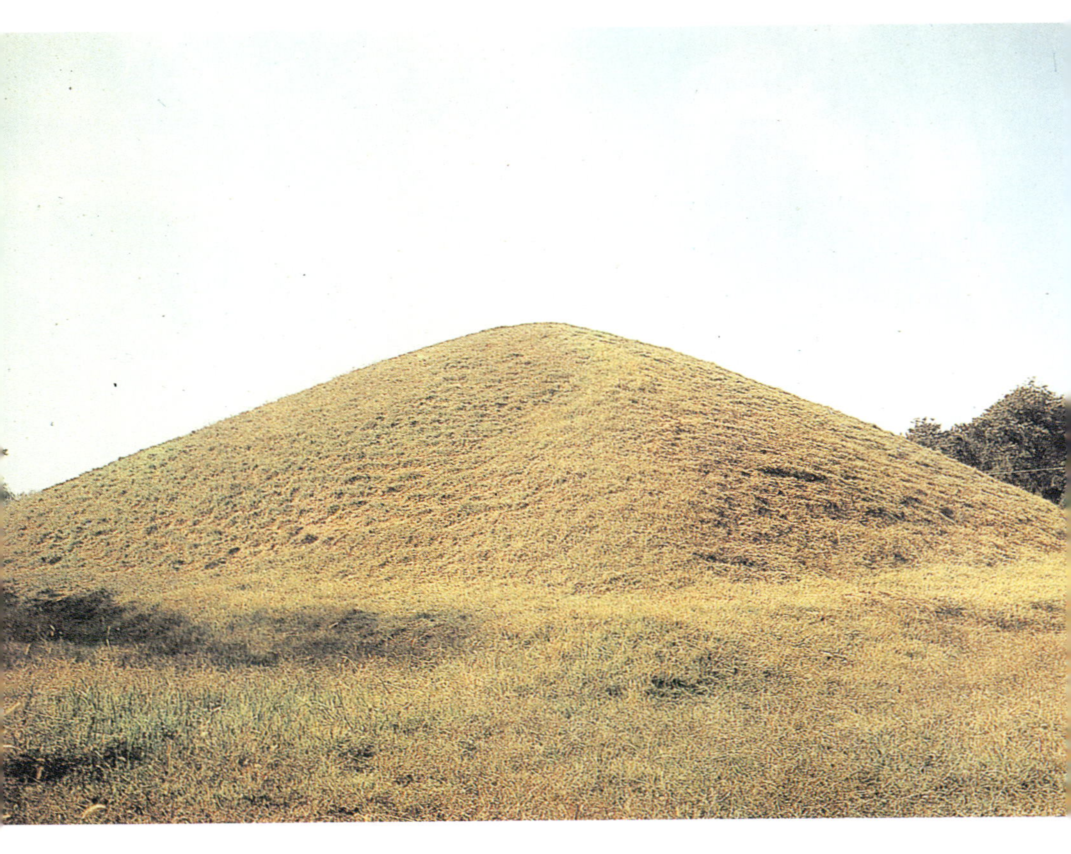

강서 소묘 강서 소묘와 같은 봉토분의 분구는 일반적으로 흙을 쌓고 그 위에 잔디를 입히는데 견고하게 축성된 분구는 묘실 외부에 우선 막돌을 쌓고 그 위에 진흙을 덮었으며 다시 숯 또는 석회를 깔고서 흙을 덮은 다음에 잔디를 입히기도 하였다.

窟)이 있는 경우가 있고 또 작은 감실을 마련하기도 하여 복잡한
구조 형식의 것이 많다.

　벽면(壁面)은 편평한 막돌, 포갠 돌, 다듬은 돌 등을 쌓아 구축하
였는데 몇 장의 큰 판석을 세워서 벽면으로 한 경우도 있다. 그리고
벽면에는 석회를 바르나 큰 판석일 경우에는 표면을 아름답게 물갈
음을 하였다. 벽면은 수직으로 쌓아올린 것과 곡면을 이룬 것이 26쪽 사진
있는데 이러한 벽면 처리 형식은 축조 재료의 제약을 받기도 하고
또 천장 가구와도 관련되어 있다. 천장 가구는 매우 다양하며 고구
려 고분의 특성을 가장 잘 나타내고 있다. 곧 네 벽면의 상부에 벽면
과 평행하게 1단 내지 2단의 굄돌을 올려 놓고 그 위에 큰 판석을
놓아 천장부를 구성한 형식이 있고 또 네 벽은 밑에서부터 위로
올라가면서 안쪽으로 기울어지게 석재를 쌓아올린 궁륭 천장을
이루게 한 형식의 것도 있으며 이 밖에 여러 단의 평행 굄돌을 놓은

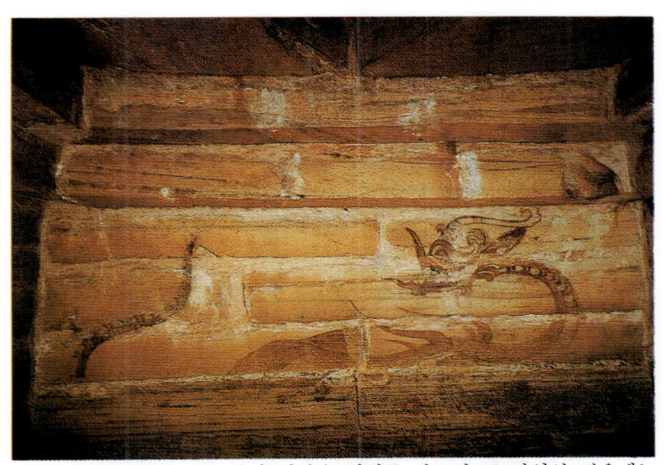

호남리 사신총 벽면　봉토분의 벽면은 석회를 바르나 큰 판석일 경우에는
표면을 아름답게 물갈음을 하였다. 호남리 사신총 벽면에 그려진 청룡도이
다.

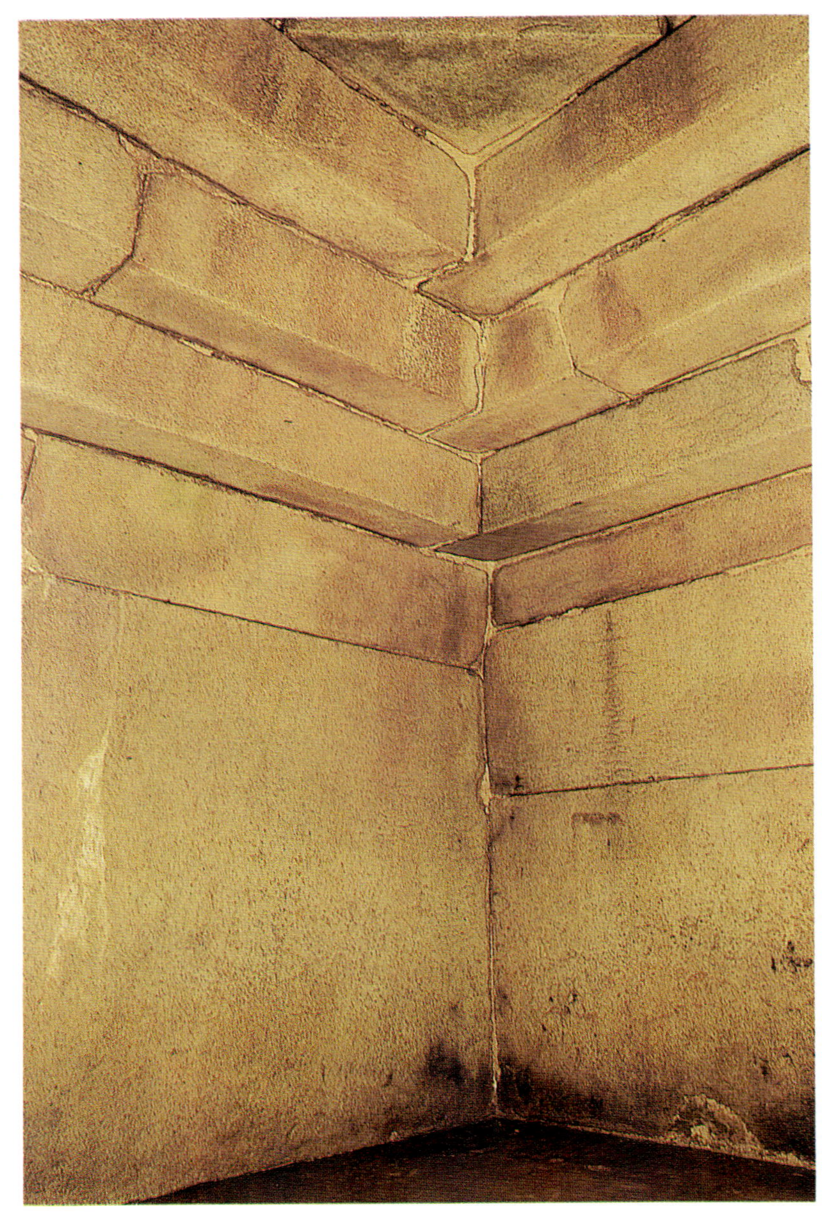

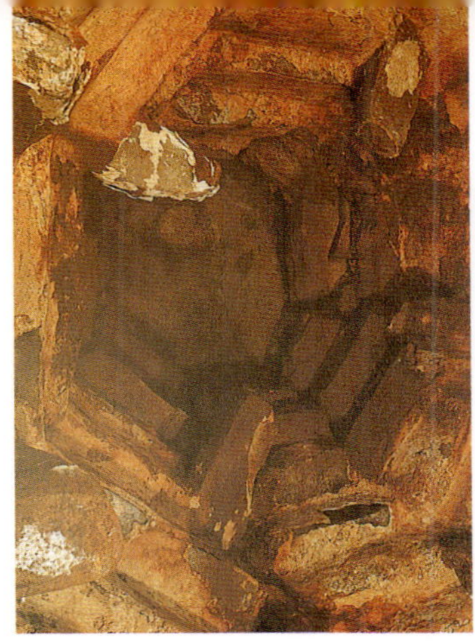

강서 소묘 현실·동북벽(옆면)
대안리 제1호분·팔각 굄 천장(왼쪽)

다음에 네 모서리에 삼각형 굄돌을 놓고 그 위를 큰 판석으로 덮은
형식의 것도 있다.

천장의 축조 방법과 형태에 의하여 평천장, 궁륭 천장, 꺾음 천장
(折天障), 평행 삼각(平行三角) 굄 천장, 팔각(八角) 굄 천장, 궁륭
삼각 굄 천장 등으로 나뉜다.

묘실(墓室)의 구성은 관을 안치한 현실로부터 밖으로 통하는
통로인 연도와 현실로 이루어진 것(單室墳), 연도, 전실, 통로, 현실
로 이루어진 것(二室墳), 연도, 전실과 그 좌우에 달린 측실, 통로,
현실로 이루어진 것(側室墳), 연도, 전실과 감(龕), 통로, 현실로
이루어진 것(有龕墳) 등이 있고 이 밖에 연도, 현실, 통로, 현실로
이루어진 것(三室塚)도 있으며 연도가 묘실의 중앙에 마련된 것과
묘실의 좌우 어느 한 쪽에 치우쳐서 달린 것 등이 있다. 안악 제3
호분(安岳第3號墳)에는 연도 다음에 연실(羨室)이 있고 요동성총
(遼東城塚)에는 2개의 연도가 마련되어 있기도 한다.

내부 시설로서 중요한 것에는 관대(棺臺), 돌문(石扉), 돌기둥
(石柱), 대(臺), 배수 시설(排水施設) 등이 있으며 묘실 위치는 지상
또는 반지하(半地下)이나 지상에 축조한 것이 많으며 묘실 방향은
서향, 서남향, 남향의 세 종류가 있다.

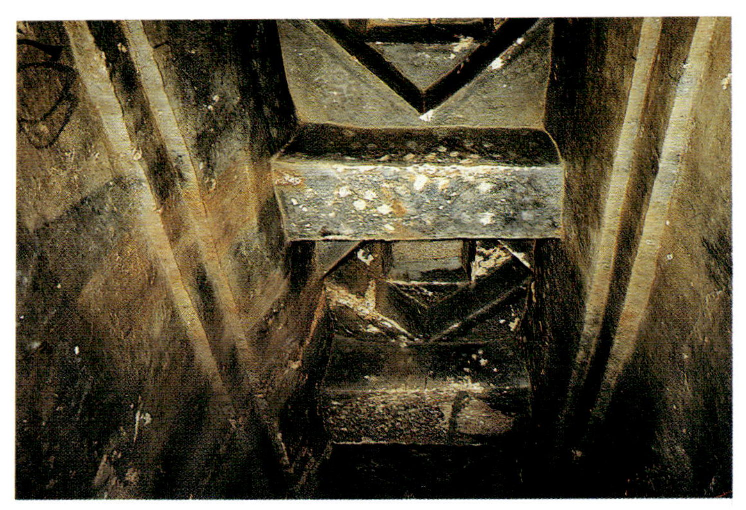

용강 대총 전실 천장 구조(위)
강서 소묘 현실 천장(오른쪽)

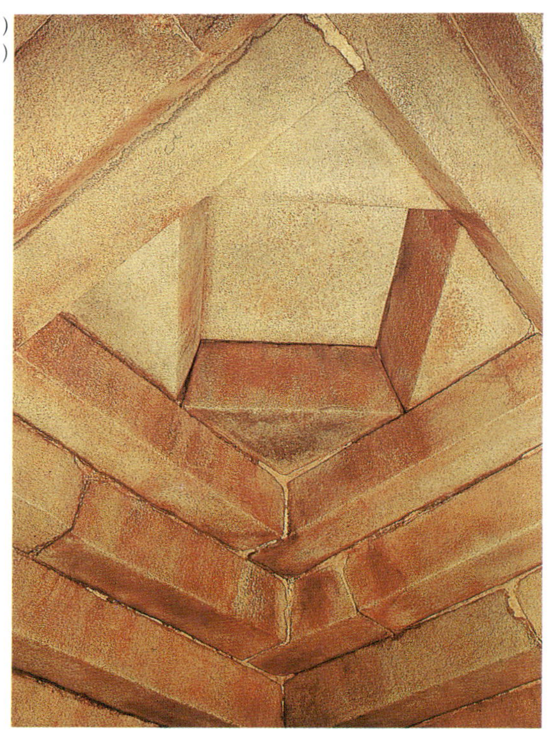

백제

전기 고분

고분의 분포

백제 전기(3세기경 초~475년)의 고분은 한강 연안에 많이 분포하고 있다.

전기 고분으로서 소재가 확실한 곳은 서울시 송파구 석촌동(石村洞), 가락동(可樂洞), 방이동(芳夷洞)과 경기도 여주읍 매룡리(梅龍里), 하리(下里), 가평군 북면 이곡동(梨谷洞) 등이다.

고분의 입지

전기의 고분은 평지 또는 구릉의 경사면에 축조하였다. 평지에는 적석총과 토광(土壙)에 목관(木棺), 옹관(甕棺) 등을 안치한 봉토분이 군집하고 구릉의 경사면에는 주로 횡혈식 석실분이 분포하고 있다.

이와 같은 입지의 선정은 중기, 후기의 고분이 거의 모두가 구릉의 경사면에 축조된 것과 대조를 이룬다.

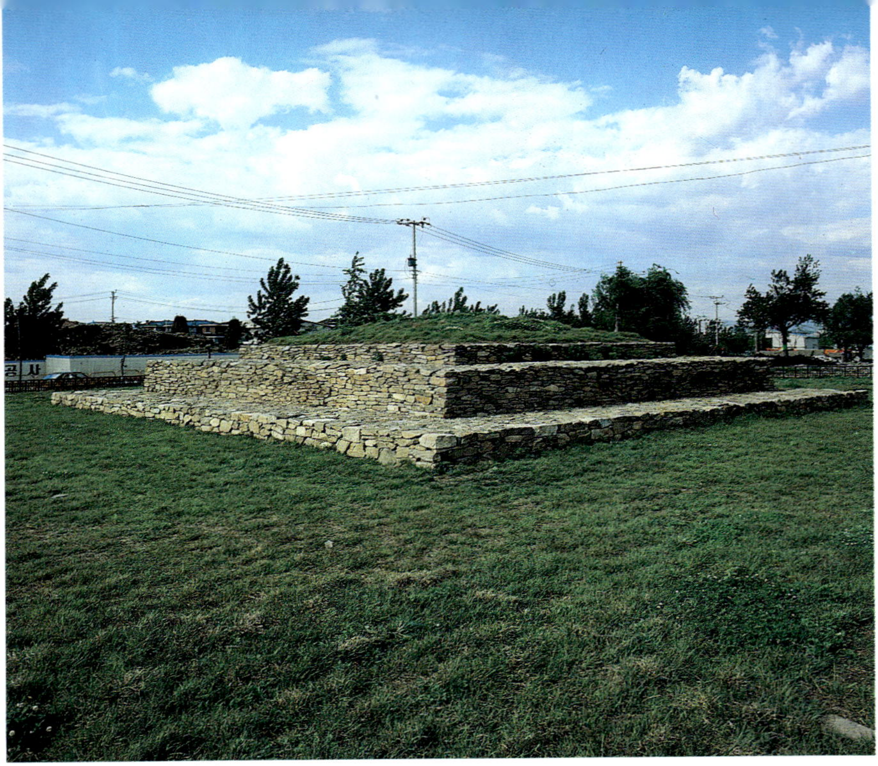

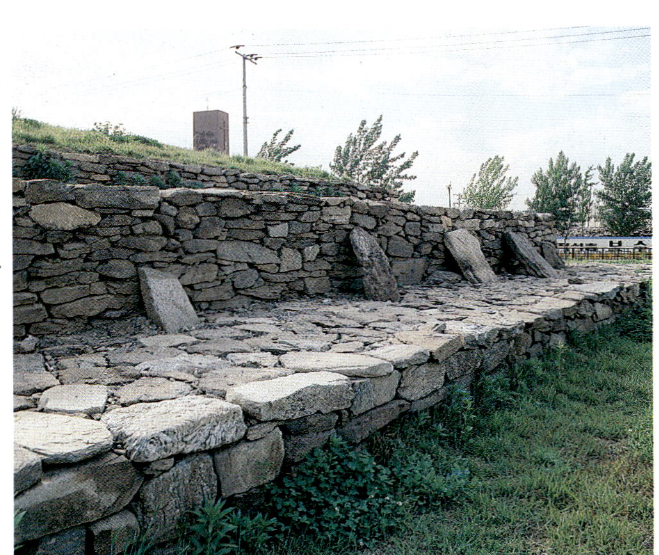

석촌동 제4호분 백제 전기 고분 가운데 적석총인 석촌동 제3, 4호분의 분구는 크고 작은 막돌 또는 포갠 돌을 계단식으로 쌓아올려 축성하였다.(위)

석촌동 제 4호분의 지탱석 상태 고구려의 장군총에서 보는 바와 같은 지탱석이 방단 둘레에 세워져 있다.(오른쪽)

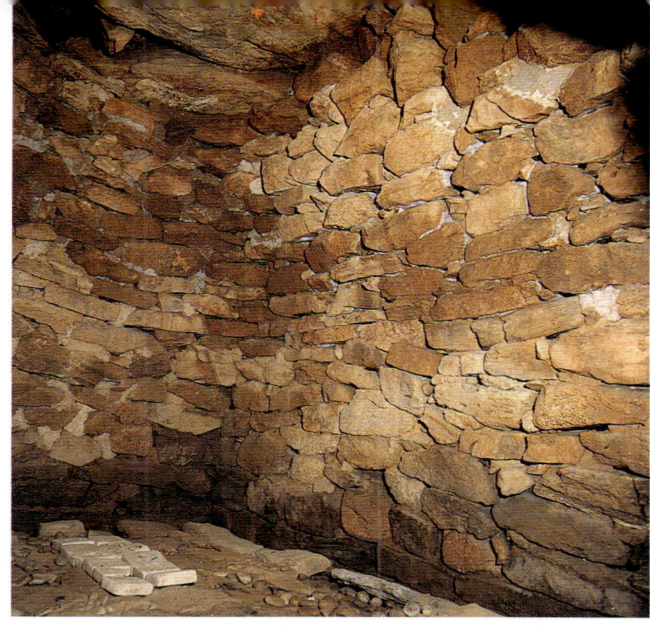

고분의 구조

　분구　전기의 고분에는 적석총과 봉토분이 있는데 적석총인 석촌　30쪽 사진
동 제3, 4호분의 분구는 크고 작은 막돌 또는 포갠 돌을 계단식으로
쌓아올려 축성한 방대형이고 제3호분의 분구는 현재 제3방단까지
확인되었으나 다섯 방단으로 이루어졌다고 추정되며 크기는 제1
방단은 한 변의 길이 50.40미터, 높이 90센티미터, 너비 4.70미터이
다. 제3방단과 그 위는 현재 조사중에 있다. 제4호분의 분구는 세
방단으로 이루어졌고 제1방단의 한 변 길이 17.20미터, 너비 2미
터, 높이 52미터, 제2방단의 한 변 길이 13.20미터, 너비 2미터,
높이 95센티미터, 제3방단의 한 변 길이 9.20미터, 너비 30센티미
터, 높이 45센티미터이다.

　봉토분인 가락동 제1, 2호분의 분구는 방대형이고 내부 주체 위에
는 황색 진흙을 덮었으며 그 위에는 석회와 진흙을 섞은 흙을 덮고
다시 그 위에 갈색 진흙을 덮은 다음에 포갠 돌과 냇돌을 섞어 봉토

전면에 깔고서 검은 갈색의 진흙을 덮었다.

　분구의 크기는 제1호분은 높이 약 1.89미터, 기저부의 한 변 길이 약 14미터, 제2호분은 높이 약 2.20미터, 기저부의 한 변 길이 약 12 내지 15미터이다. 그러나 같은 봉토분인 석촌동 제5호분과 방이동 고분 10기의 분구는 원형이고 크기는 석촌동 제5호분이 지름 17미터, 높이 3미터이며 방이동 제1호분의 지름은 12미터, 높이 2.20미터, 제2호분은 지름 13.40미터, 높이 약 2.70미터, 제3호분은 지름 13.12미터, 높이 2.90미터, 제6호분은 지름 10.60미터, 높이 2.10미터이다.

　내부 구조　전기 고분의 적석총인 석촌동 제3호분은 복원을 위하여 내부 조사가 이루어지지 않았고 제4호분은 방형 점토곽(方形粘土槨)으로 추정하고 있다. 양평군 문호리(楊平郡汶湖里)에도 1기의 적석총이 있는데 내부 구조는 강돌을 깐 바닥 위에 편마암과 화강암을 혼합하여 네 벽을 구축한 석곽으로서 동서 6미터, 남북 7미터, 높이 약 60센티미터이고 꺾쇠가 드러나는 것으로 미루어 시체는 목관에 안치하였다고 생각된다.

　토광묘와 옹관묘는 층위나 유물을 통해 볼 때 적석총보다 앞선 시기의 묘제(墓制)로 보겠다. 토광묘에는 직장(直葬) 토광묘, 목관 토광묘, 적석 토광묘 등이 있는데 석촌동 제3호분 동쪽 고분군 가운데 직장 토광묘인 제6호 토광묘는 평면 장방형에 가까운 토광의 길이 2.40미터, 너비 85센티미터, 깊이 15센티미터이고 토광 바닥 서쪽 끝에 토기, 쇠도끼, 쇠낫 등이 놓여 있었으며 중앙 부분에는 쇠손칼이 부장되어 있었다.

　목관 토광묘인 제1호 토광묘는 토광의 평면은 장방형이고 크기는 길이 2.26미터, 너비 1.04미터, 깊이 30센티미터이며 토광 안에는 6장의 판자를 이용하여 만든 목관이 놓여 있었는데 그 크기는 길이 1.81미터, 너비 60센티미터, 높이 20미터이고 목관 바닥 서북쪽

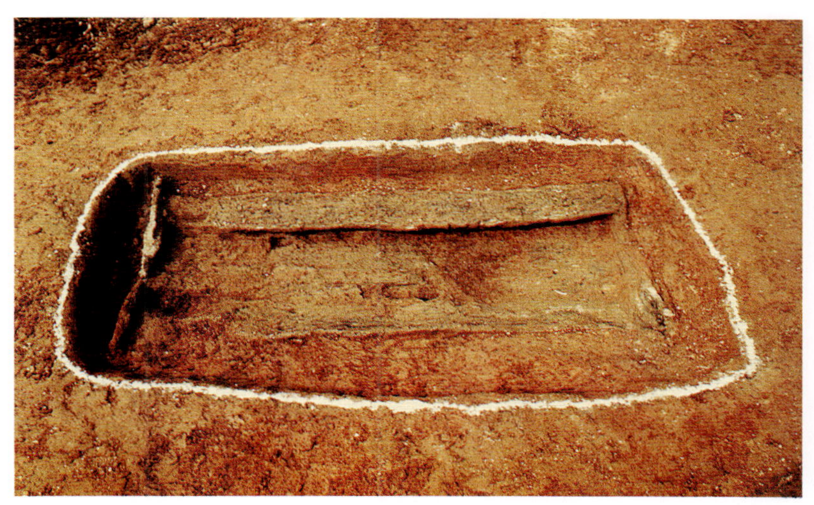

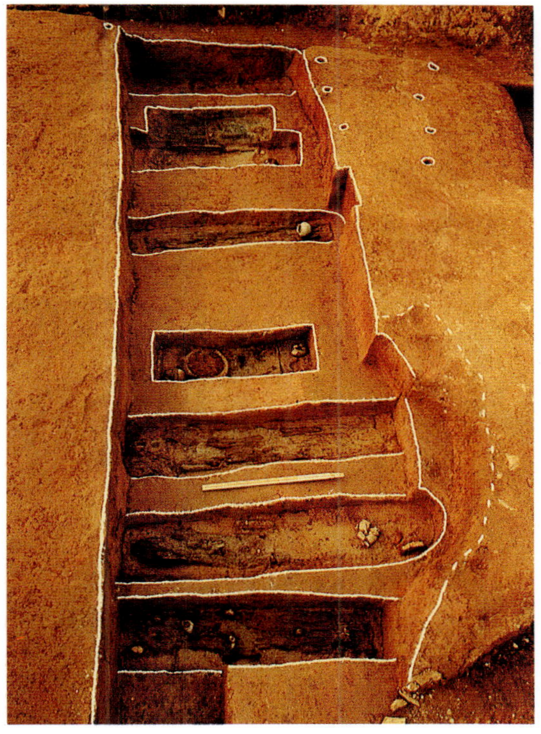

석촌동 제1호분 목관 토광묘(위)
석촌동 대형 토광묘 대형 토광
　안에 7기의 목관 토광묘와 1개의
　부곽이 드러났다. (왼쪽)

모서리에 토기 1점, 중앙에 쇠손칼 1점이 부장되어 있었다.

적석 토광묘는 토광 안에 시체를 안치한 다음에 시체를 강자갈, 포갠 돌 등으로 둘러쌓아 덮은 구조 형식으로 보이는데 조사 때에는 토광 바닥에 적석이 내려앉은 상태로 토광의 크기는 길이 2.07미터, 너비 78센티미터, 깊이 18센티미터였다.

옹관묘에는 합구식 옹관묘, 석곽 옹관묘 등이 있는데 합구식 옹관묘인 제3호 옹관묘는 타원형 토광(긴 지름 80센티미터, 짧은 지름 55센티미터, 깊이 15센티미터) 안에 동서 방향으로 놓였고, 서쪽 독은 구연부가 잘려 동쪽 독의 아가리에 들어가 있었으며 회청색 연질 토기(灰靑色軟質土器)인 동쪽 독은 길이 35센티미터, 서쪽 독 길이 30센티미터이다.

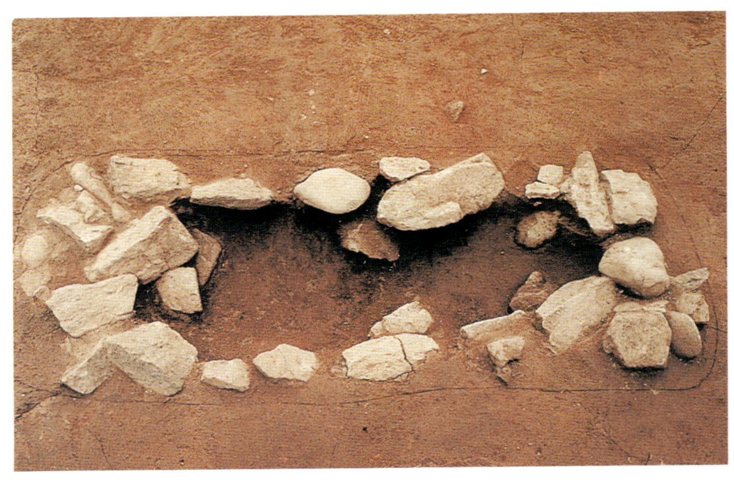

석촌동 적석 토광묘 토광 안에 시체를 안치한 다음에 시체를 강자갈, 포갠 돌 등으로 둘러쌓아 덮은 구조 형식이다.

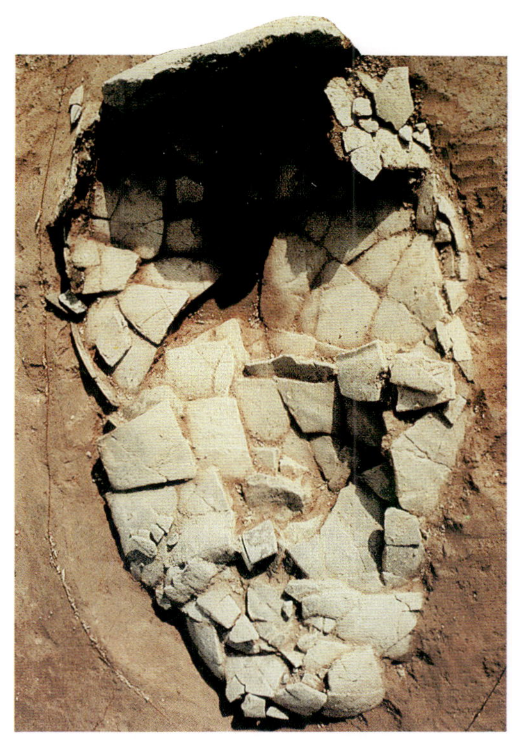

석촌동 제4호분 옹관묘 단옹관으로서 구연에는 1장의 판석을 덮었다.

　석곽 옹관묘는 두께 5센티미터 안팎의 판석을 이용하여 길이 45 내지 50센티미터, 너비 30센티미터, 높이 25센티미터인 크기의 소형 석곽을 짜고 그 안에 옹관을 안치한 형식의 것인데 옹관은 황백색 연질 토기이고 두께는 0.8센티미터 정도이나 파손이 매우 심하다.

　봉토분에는 내부 구조가 목관 토광묘 형식과 수혈식 석곽(竪穴式石槨), 횡혈식 석실(橫穴式石室) 등이 있다. 목관 토광묘 형식인 가락동 제1호분은 지면을 파서 장방형 토광을 만들고 그 안에 목관을 안치하였는데 토광 바닥 네 모서리에는 목관을 고인 강돌이 각각 1개씩 놓여 있었고 강돌의 배치 상태로 미루어 보아 목관의 크기는 길이 약 1.23미터, 너비 약 48센티미터 정도이다. 가락동 제1호분은 한 개의 분구 안에 4개의 묘광(墓壙)이 있고 그 가운데 3개의 묘광에는 목관을 안치하였고, 다른 1개의 묘광에는 단옹관(單甕棺)이 안치되어 있는 목관 토광묘식과 옹관묘식을 함께 한 가족묘 성격의 구조 형식이다. 그리고 수혈식 석곽분에는 방이동 제7호분이 있다.

횡혈식 석실분인 가락동 제5호분의 석실 구조는 연도와 현실로 이루어졌고 현실의 평면은 방형에 가까우며 천장에는 3개의 판석을 덮고 연도는 남쪽 벽 중앙에 마련되어 있다. 또 방이동 제1호분의 석실은 남벽 서쪽에 치우치게 마련되어 있는 연도와 방형에 가까운 현실로 이루어졌고 현실의 네 벽은 포갠 돌을 안쪽으로 기울어지게 쌓아서 천장부를 좁혔으며 천장에는 큰 판석 1장을 덮었다. 연도는 포갠 돌로 좌우 측벽을 쌓고 천장에는 장방형 판석 4장을 덮었다.

37쪽 그림

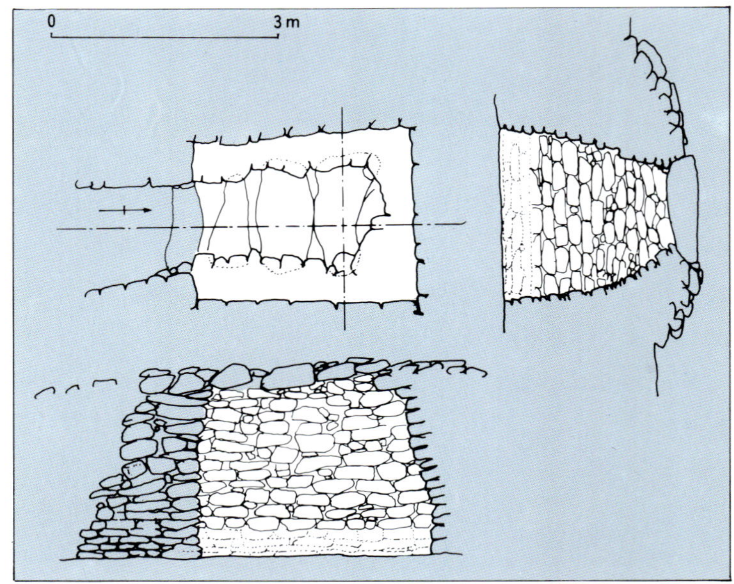

가락동 제5호분의 구조 횡혈식 석실분인 가락동 제5호분의 석실 구조는 연도와 현실로 이루어졌고 현실의 평면은 방형에 가까우며 천장에는 3개의 판석을 덮었다.

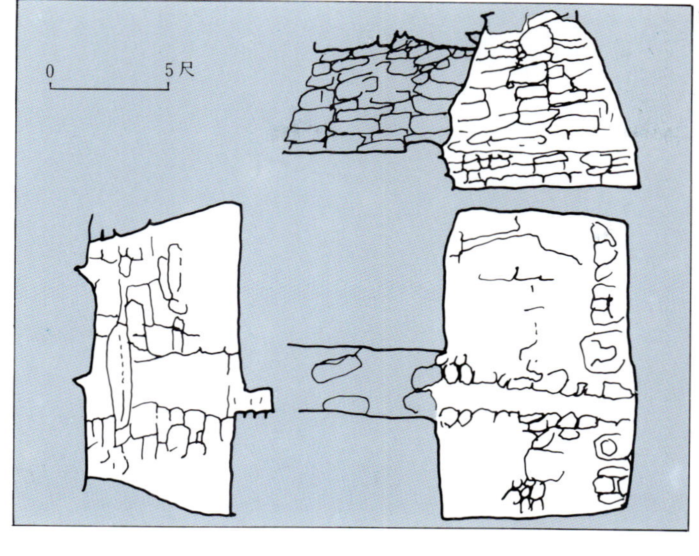

현실 바닥에는 포갠 돌과 자갈을 섞어 약 30센티미터 높게 깔아
시상대(屍床臺)를 마련하고 그 둘레에는 자갈을 깔아 배수 시설을
하였다.

매룡리 제2호분의 석실은 연도와 현실로 이루어졌고 현실 평면은
좌우로 긴 장방형이며 연도는 남벽 중앙에서 약간 동쪽으로 치우치
게 마련하였다. 현실의 네 벽은 고르지 못한 포갠 돌로 쌓았는데
연도를 마련한 남벽은 비교적 수직이나 다른 세 벽은 위로 올라가면
서 안쪽으로 기울어졌고 천장에는 화강암 판석 3장을 덮었으며
네 벽 천장에는 석회를 발랐다. 현실 바닥에는 높이 약 50센티미
터, 길이 약 2.24미터의 시상대 2개를 동, 서벽에 접하게 구축하
고 그 위에 모래를 깔았으며 이 시상대 위에는 사람의 머리 모양으
로 판 돌베개가 동쪽에 2개, 서쪽에 3개를 북벽에 접하게 놓았다.
연도는 현실 바닥보다 한 층이 높고 입구는 포갠 돌로 막았다.

중기 고분

고분의 분포

백제 중기(475~538년)의 고분은 공주읍(公州邑)을 중심으로 약 10킬로미터 안의 주위 산 일대에 무리를 이루며 분포하고 있는데 금강의 북안 유역(北岸流域)보다 남안(南岸)의 공주에서 부여에 이르는 도로 좌우 일대의 산중턱에 더 많이 밀집하고 있다.

고분의 입지

공주 부근의 고분은 전기 고분의 입지에서 보는 것처럼 평지에 축조한 고분은 거의 없고 남향한 구릉의 정상 또는 비탈에 축조하였

공주 송산리 고분군

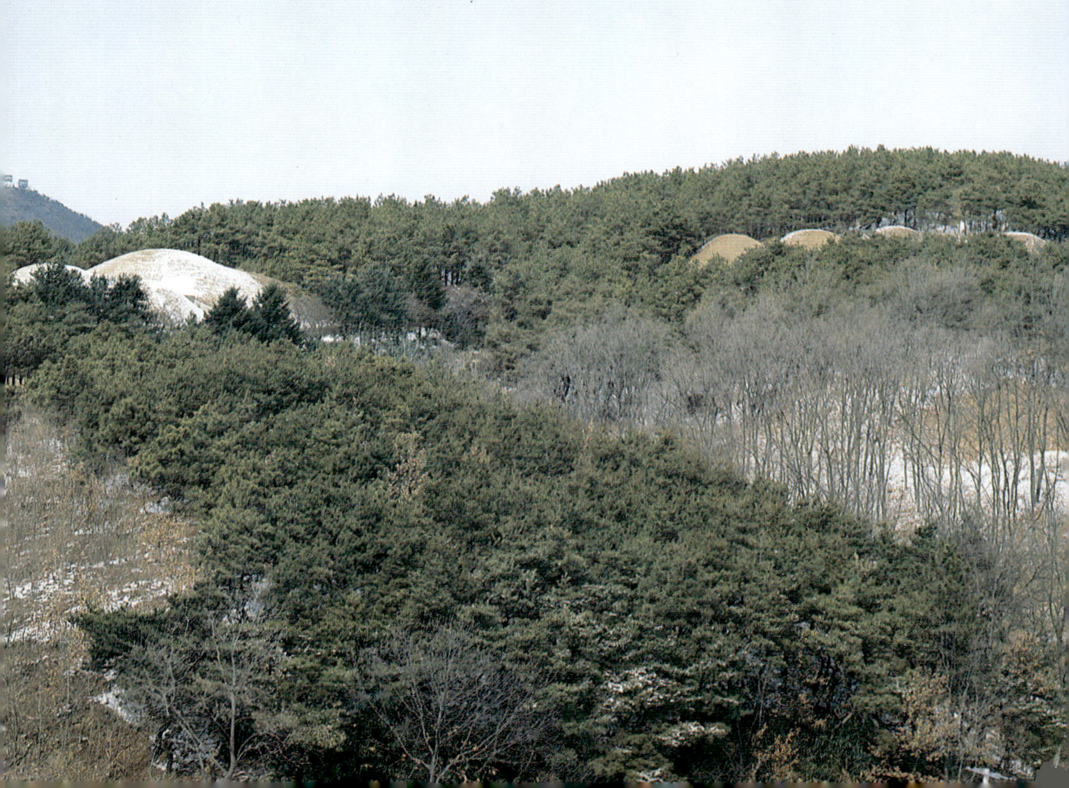

다. 그리고 연도 및 현실의 방향이 멀리 바라보이는 남쪽 산과 직선
을 이루게 축조한 점이 입지 선정의 특징이다.

고분의 구조

분구 중기 고분의 분형은 원형으로서 전기 고분에서 나타나는
방대형은 없다. 분구의 크기는 오랜 세월이 흐른 사이에 봉토가
유실되어 원형을 유지한 분구는 찾아보기 어렵고 현재 상태로는
지름 약 35 내지 36미터, 높이 10미터 안팎이다. 무녕왕릉(武寧王
陵)의 예를 보면 동서 약 19미터, 남북 약 21미터, 높이는 현실 바닥
에서 분구의 정상까지 약 7.5미터이며 분구의 유실을 막기 위하여
봉토에는 석회를 섞은 모래질 흙을 사용하였고 분구의 동쪽 밑둘레
에는 호석(護石)을 둘렀다.

무녕왕릉 현실 내부

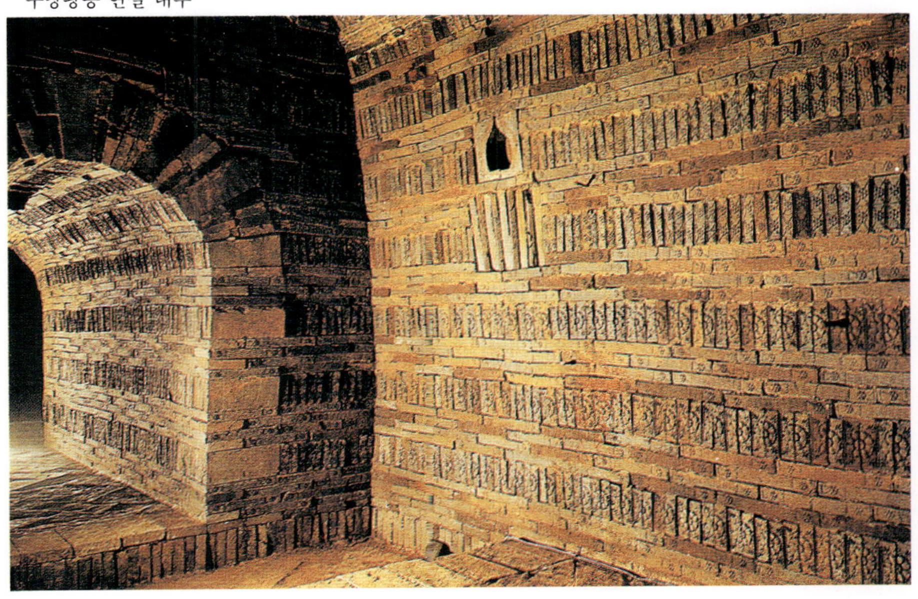

내부 구조 중기 고분의 내부 구조에는 수혈식 석곽, 횡혈식 석실 등과 전축분(塼築墳), 옹관묘 등이 있다.

수혈식 석곽은 일반적으로 평면이 장방형이고 네 벽은 포갠 돌로 수직으로 쌓아올렸으며 천장에는 크고 작은 판석을 가로로 덮은 구조 형식이나 송산리 제8호분은 좌우의 긴 벽을 약 70센티미터 높이까지는 수직으로 쌓고 그 위에 2단의 평행 고임돌을 놓아 안으로 기울어지게 하고 9장의 크고 작은 판석을 세로로 덮어 천장부를 이루게 하였다. 또 남산록 제23호분은 좌우의 긴 벽이 끝나는 위에 평행 고임돌을 놓는 대신 좌우 양벽을 조금씩 안으로 맞조여 천장부를 좁히고 뚜껑돌을 올려 놓았다.

횡혈식 석실은 벽면 및 천장의 구조에 의하여 크게 다섯 유형으로 나뉜다.

제1유형은 연도와 현실로 이루어졌고 현실의 평면은 앞뒤로 약간 긴 장방형이며 연도는 남벽 동쪽에 치우쳐 마련되었다. 현실은 구릉의 비탈을 내려 판 토광 바닥 지반 위에 구축하였는데 네 벽은 포갠 돌을 옆으로 쌓아올려 1미터 정도까지는 수직이나 그 위로부터는 맞조여 궁륭형 천장을 이루게 하고 천장에는 큰 판석 1장을 덮었으며 벽면, 천장에는 석회를 발랐다. 현실 바닥에는 강자갈을 깔고 표면에는 두껍게 석회를 발랐다. 연도 좌우 벽에도 석회를 바르고 바닥 중앙에는 배수 시설을 하였다. 송산리 제1호분의 석실 크기는 현실은 길이 3.51미터, 너비는 북쪽 2.82미터, 남쪽 3.04미터이며 높이 2.77미터이고 연도는 깊이 2.08미터, 너비 약 0.90미터, 높이 119미터이다. 그리고 송산리 제2, 3, 4, 5호분과 보통동(普通洞) 제1호분, 금학동 고분(金鶴洞古墳) 등도 이와 같은 구조 형식의 석실이다.

제2유형은 연도와 현실로 이루어졌고 현실의 평면은 앞뒤로 긴 장방형이며 연도는 남벽 동쪽에 치우쳐 있다. 현실의 네 벽은 벽돌

41쪽 위 그림

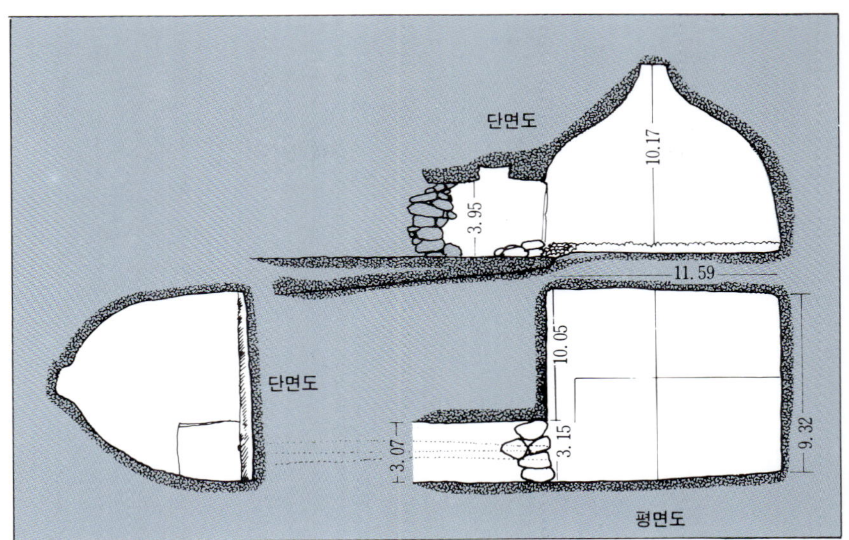

송산리 제1호분 실측도

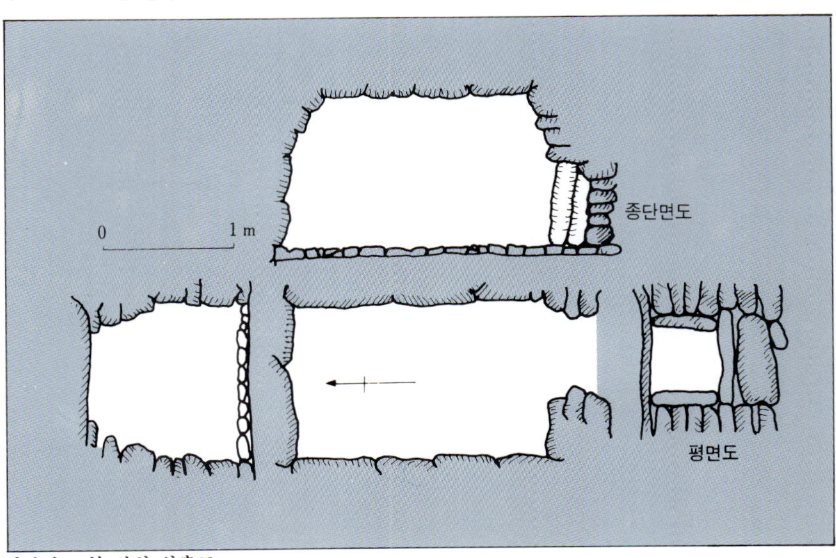

신기리 고분 석실 실측도

모양의 포갠 돌로 쌓았는데 좌우 두 긴 벽은 수직으로 쌓다가 윗부분에서 약간 안쪽으로 기울어지게 하고 앞뒤의 두 짧은 벽은 좌우의 긴 벽 끝에 기대게 하면서 맞조여 궁륭 천장을 이루게 한 다음에 큰 판석 2 내지 3장을 덮었다. 제1유형과 다른 점은 좌우 두 긴 벽이 거의 수직이고 그 규모가 작으며 벽면에 석회를 바르지 않은 점 등이며 석실의 크기는 우금리(牛禁里) 제1호분의 경우 현실은 길이 2.67미터, 너비 1.56미터, 높이 1.83미터이며 연도의 너비는 0.80미터, 높이 0.82미터이다. 구조 형식이 같은 고분에는 남산록(南山麓) 제1, 2호분 등이 있다.

제3유형은 연도와 현실로 이루어졌고 현실의 평면은 앞뒤로 긴 장방형이며 연도는 남벽 동쪽에 치우쳐 달려 있다. 현실의 네 벽은 벽돌 모양의 포갠 돌을 옆으로 쌓아 구축하였으며 좌우의 두 긴 벽은 신기리 고분(新基里古墳)에서는 약 1미터까지 수직으로 쌓고 그 위부터는 점차 안쪽으로 기울어지게 하여 반통형(半筒形)으로 60센티미터 정도 높이까지 쌓은 뒤 고르지 않은 큰 판석 4장을 가로로 덮었다. 신기리 고분의 석실 크기는 현실은 길이 2.95미터, 너비 1.78미터, 높이 1.60미터이며 연도의 길이는 약 1.20미터, 너비는 1.24미터, 높이 0.84미터이다. 구조 형식이 같은 고분은 남산록 제25, 26호분이다.

제4유형은 연도와 현실로 이루어졌고 현실의 평면은 앞뒤로 긴 장방형이며 연도는 남벽 동쪽에 약간 치우쳐 달려 있다. 현실의 네 벽은 큰 판석을 사용하였고 좌우 두 긴 벽이 끝나는 윗부분에는 작은 판석으로 3단의 평행 고임을 하여 맞조였으며 그 위에 큰 판석 3장을 덮었다. 능지 고분(陵峙古墳)은 현실 바닥에 고르지 못한 화강암을 깔고 연도 중앙에는 배수구가 마련되어 있다. 이 밖에 보통동 제4호분도 구조 형식이 같다.

제5유형은 연도와 현실로 이루어졌고 현실의 평면은 장방형이며 연도는 좌우 양벽에 연이어 남쪽에 마련하였다. 현실은 길이 1 내지 1.22미터, 너비 1미터 정도의 큰 판석을 좌우 각각 3 내지 4장을 한 줄로 세워서 긴 벽을 만들고 뒷벽은 위가 뾰족한 오각형(上尖五角形)인 큰 판석 1장으로 되어 있다. 천장은 좌우의 긴 벽 상단에 대체로 같은 형태의 판석 각각 2장을 올려 놓고 양쪽에서 안쪽으로 기울어지게 하여 중앙부 정점에서 합장형 천장(合掌形天障)을 이루게 하였다.

연도는 시목동(柿木洞) 제1호분의 경우 현실 입구의 좌우 양쪽 벽에 연이어 큰 판석 각각 1장을 수직으로 세워서 측벽을 만들고 그 위에 덮개돌 1장을 덮었으며 현실, 연도 바닥에는 판석을 깔았다. 이러한 구조 형식의 고분에는 시목동 제1, 2호분과 공주금정(公州錦町) 제1호분, 교촌리(校村里) 제4호분 등이 있다.

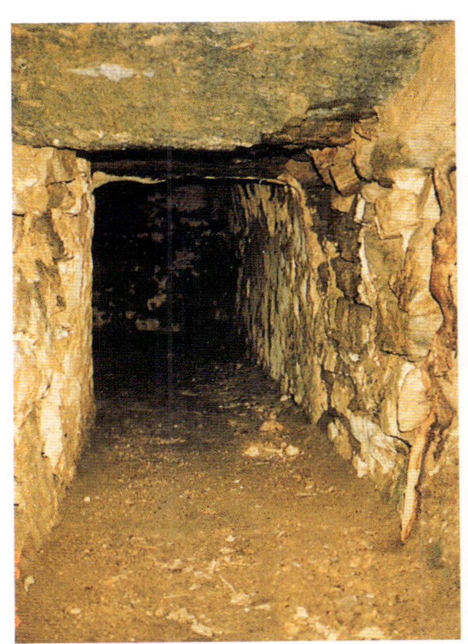

공주 송산리 제4호분 연도 입구

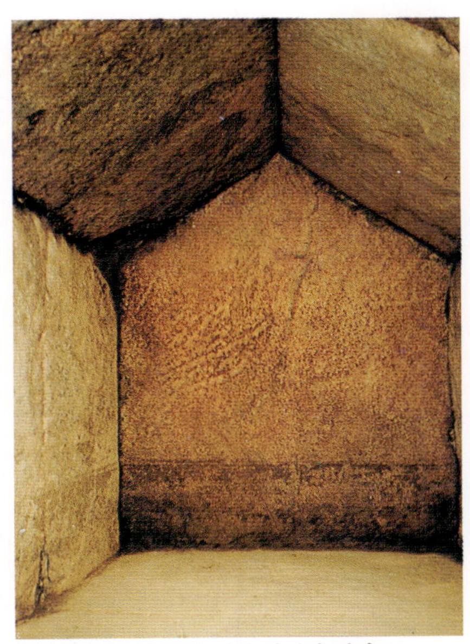

공주 시목동 제1호분 현실 북벽과 천장

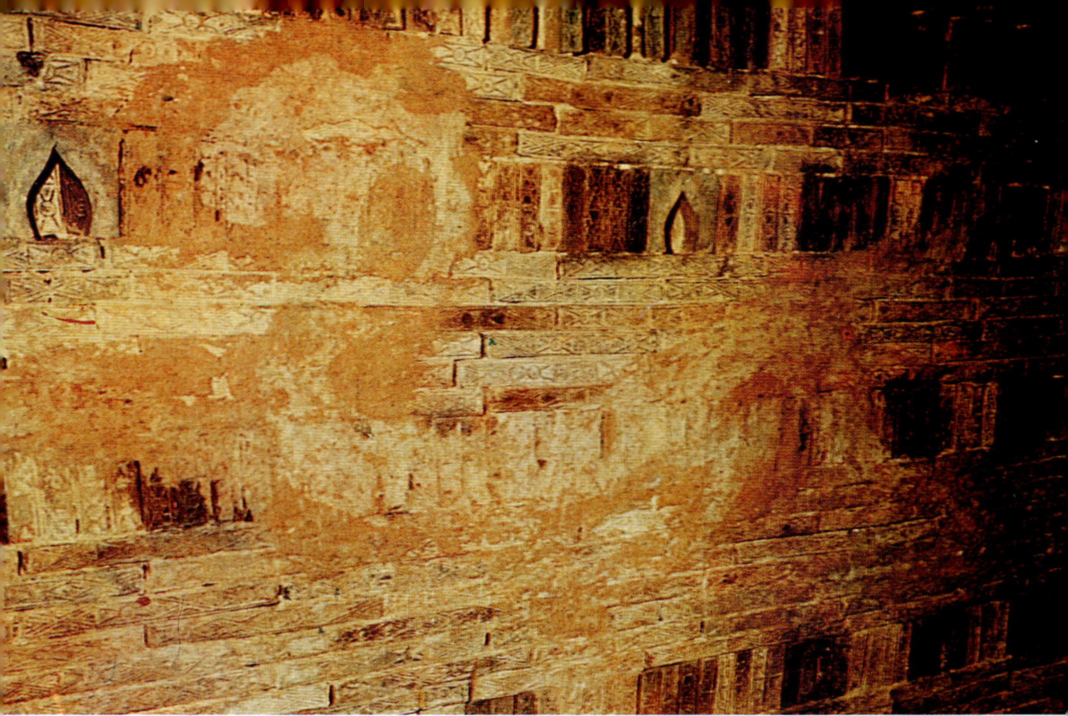

공주 송산리 벽화 고분 서벽 백호도 무늬 있는 벽돌을 쌓아 벽체를 구성한 뒤 여기에 방위를 상징하는 동물을 그렸다.

전축분은 묘실을 무늬전(文樣塼)으로 네 벽을 쌓고 좌우 두 벽은 위로 올라가면서 점차 맞조여져 끝내는 단면 아치형 천장을 이루게 하고 남벽 중앙에 연도가 달렸으며 배수구 시설이 마련되어 있다.

벽화 고분인 송산리 제6호분은 현실의 평면은 남북으로 긴 장방형이고 남벽 중앙에 연문(羨門)을 만들었으며 연문에 이어 연도가 달렸는데 그 입구는 전을 쌓아 막았다. 그리고 연도 바닥 밑에는 전으로 축조한 배수구가 있는데 길이 약 20미터이다. 현실의 네 벽과 천장은 측면에 사교선(斜交線)과 연화문(蓮花文)이 돋친 무늬전으로 쌓았는데 5 내지 6열은 옆으로 눕혀 쌓아올리고 그 위에 1열을 세워서 쌓고 다시 옆으로 눕혀서 반복하여 쌓는 축조법으로 구축하였다. 남북의 두 짧은 벽은 수직으로 쌓았으나 동서의 두

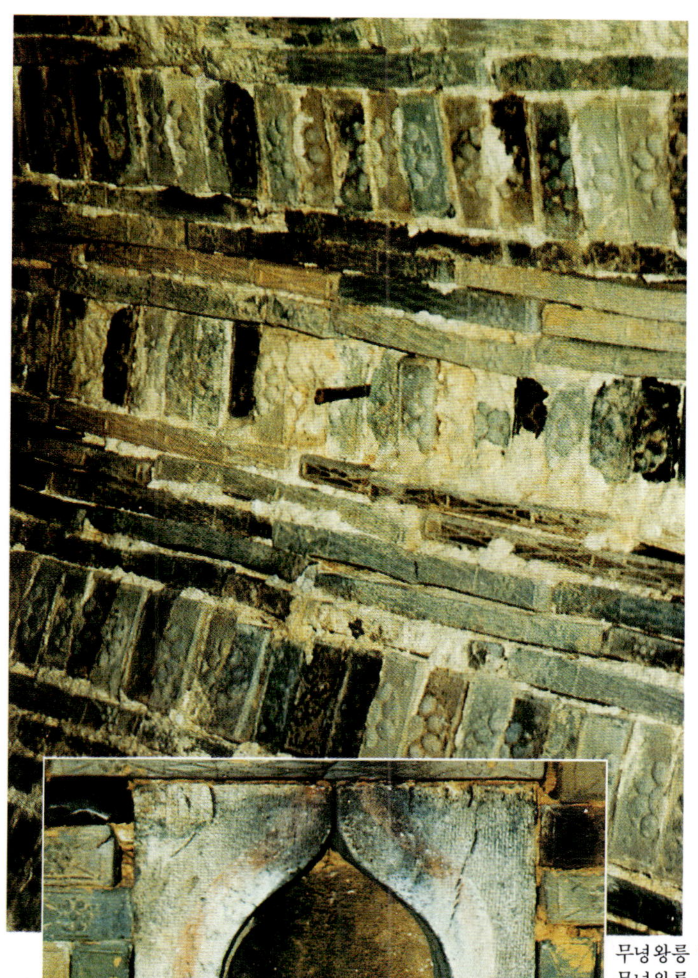

무녕왕릉 벽체 쌓기(위)
무녕왕릉 현실의 감실(왼쪽)

긴 벽은 위로 올라가면서 점차 안쪽으로 기울어져 단면 아치형 천장을 이루었다. 그리고 동서 두 벽에 각각 3개, 북벽에 1개의 화염형(火焰形) 작은 감실을 만들었다. 현실 바닥에는 그물 무늬 모양으로 전을 두 벌 깔았고 동쪽에 치우쳐 전축관대(塼築棺臺)가 마련되었다. 묘실 크기는 현실은 길이 3.96미터, 너비 2.36미터, 높이 3.30미터이며 연도는 길이 1미터, 너비 1미터, 높이 1.65미터이고 네 벽에는 사신도가 그려져 있다.

45쪽 사진 　　전축분인 무녕왕릉은 연도와 현실로 이루어졌고 연도 입구의 앞면에는 통로가 있으며 연도 바닥 밑에는 배수구 시설이 마련되어 있는데 전체 길이 21.6미터이다. 현실의 평면은 구형(矩形)이고 네 벽과 천장은 측면에 연화문, 사격자문, 돈무늬 등을 새긴 장방형 무늬전으로 쌓았는데 4열은 옆으로 눕혀 쌓고 그 위에 구형의 전 1열을 세로로 세워서 쌓는 방법을 반복하는 축조법으로 구축하여 천장부는 단면 아치형 천장을 이루었다. 그리고 현실의 동서 두 벽에 각각 2개와 북벽에 1개로 모두 5개의 화염형 등감실(火焰形燈龕室)이 있고 등감실 둘레를 녹색으로 채색하였다. 현실 바닥에는 앞벽에서 약 1미터 떨어진 뒤쪽에 전으로 관대를 만들었다. 남벽 중앙에 연문을 만들고 현실과 동일한 축조법으로 구축한 연도가 달렸는데 천장부는 단면 아치형이다. 그리고 통로는 연도 입구에서 남쪽 약 18미터 지점에 이르는 사이의 풍화 암반을 파서 만들었는데 그 너비는 3.6미터이고 통로 바닥 밑에는 전으로 축조한 배수구가 있다.

　　옹관묘는 지표 아래의 풍화 암반을 내려 파서 묘광을 만들고 그 안에 돌로 뚜껑을 한 석개 단옹관(石蓋單甕棺)을 묻은 구조 형식인데 공주 남산리 옹관묘는 돌뚜껑이 있는 장란형 무문토기독(長卵形無文土器甕)을 수평으로 묻은 것이고 공주 송학리 옹관묘는 돌뚜껑이 있는 독을 곧게 묻은 것이며 묘광 바닥 중앙에 배수용 광으로 생각되는 너비 20 내지 30센티미터, 깊이 50센티미터 정도의 작은 광을 팠다. 그리고 남산리 옹관묘에서 약간 떨어진 위치에 백제 토기를 관으로 사용한 이른바 호관묘(壺棺墓)가 있다. 이 호관묘는 지표 아래 약 20센티미터 되는 곳에 길이 1.80미터, 너비 90센티미터, 깊이 40센티미터의 장방형 묘광을 파고 그 안에 동서로 긴 축을 형성하는 합구호관(合口壺棺)을 수평으로 묻었으며 호관 주위와 광 안에 질이 좋은 황색 진흙을 채워 다졌다.

후기 고분

고분의 분포

백제 후기(538~660년)의 고분은 부여읍(扶餘邑)을 중심으로 48쪽 사진 근교 지역 곧 북쪽은 백마강(白馬江)을 사이에 두고 울성(蔚城)에서 증산성(甑山城) 아래에 이르는 구릉 위와 남쪽은 백마강을 사이에 둔 장암면 장하리(場岩面長蝦里)를 비롯하여 정암산성(亭岩山城), 성흥산성(聖興山城) 아래의 구릉 위에 무리를 이루고 있는데 그 가운데도 부여읍의 능산리(陵山里) 지구는 전(傳) 왕릉 소재지로서 유명하다. 한편 청마산성(靑馬山城)으로부터 서남의 구릉 위에도 고분군이 있다.

고분의 입지

부여 부근 고분의 입지는 구릉 위 또는 구릉 비탈을 선정하고 있으나 주로 구릉의 선단 부분을 이용한다든가 산기슭에 발달한 부채꼴의 대지 위에 축조하였다. 특히 능산리의 전 왕릉군 소재의 지형은 북쪽에 높은 산봉우리가 있고 앞쪽에는 평지가 있으며 서쪽에는 나성(羅城)이 위치한 구릉이 뻗었고 동쪽에도 그와 상응하는 구릉이 존재한다.

고분의 구조

분구 외형이 확인된 것은 모두가 원형의 봉토분이고 구릉의 비탈 또는 그 선단 부분을 이용하여 축조한 고분의 분구 기저부는 앞면과 뒷면의 높이가 동일하지 않다. 그뿐만 아니라 오랜 세월이 경과하는 사이에 봉토가 유실되어 정확한 규모를 파악하기 곤란하다. 봉토는 풍화된 화강석립이 많이 섞인 부근의 토양이고 서상총(西上塚), 동상총(東上塚), 동하총(東下塚) 등은 분구 기저부에 호석이 둘러 있다. 그리고 분구의 지름은 대체로 22 내지 28미터, 높이는 2 내지 5미터 정도이다.

내부 구조 후기 고분에는 토광묘, 수혈식 석곽분, 횡혈식 석실분, 옹관묘, 화장묘 등이 있다. 토광묘는 지표 아래 10 내지 20센티

부여 능산리 고분군

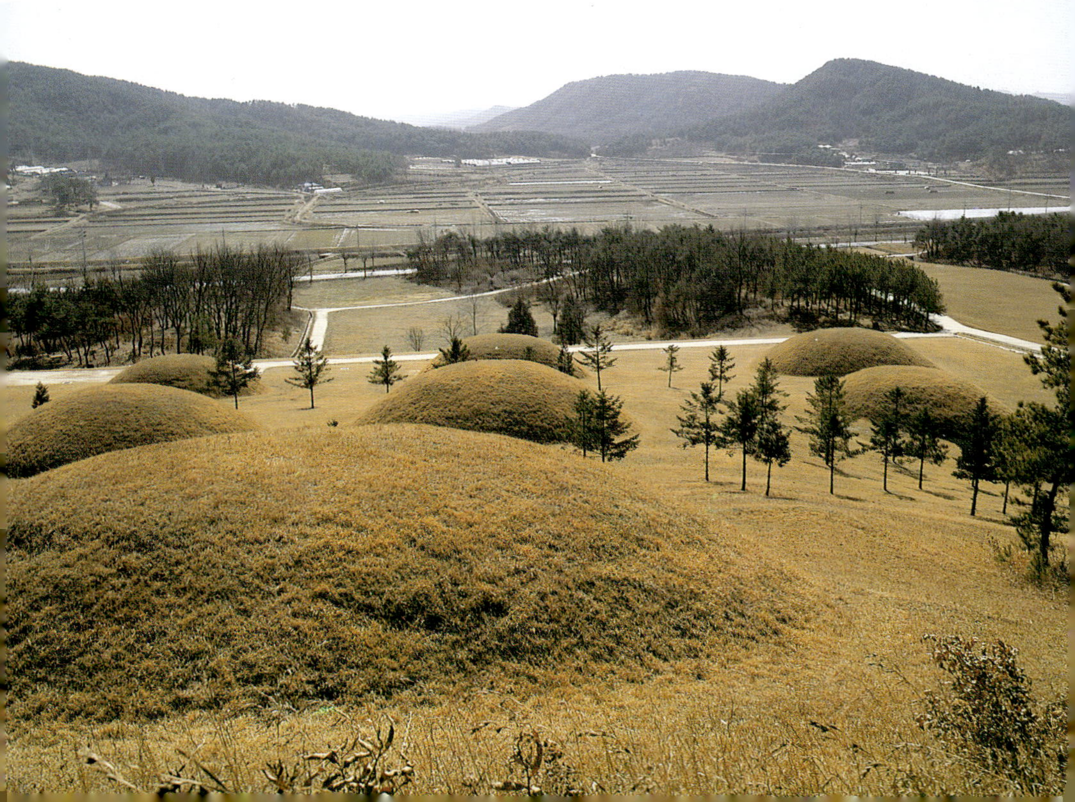

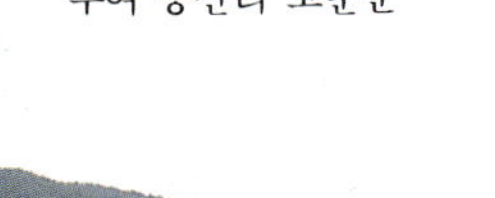

미터 되는 곳에 평면이 장방형인 토광을 파고 시체를 아무런 시설 없이 안치한 직장 토광묘이다. 묘광의 크기는 소사리(素沙里) A호묘가 길이 3.2미터, 동벽 너비 1미터이고 소사리 B호묘는 길이 3미터, 동쪽 너비 1.85미터, 서벽 너비 1.7미터로서 토광의 크기와 토기 2개의 부장 상태로 보아 합장묘(合葬墓)로 생각된다. 소사리 C호묘의 크기는 A호묘와 비슷하나 토기 2개와 철정(鐵鋌) 1개가 드러났음이 다르고 소사리 D호묘의 묘광 크기는 길이 3.10미터, 동, 서벽 너비가 각각 1미터이고 녹색, 청색, 갈색, 흰색 등 구슬 다수가 발견되었고 토기 2개가 남벽 가까이에서 드러났다.

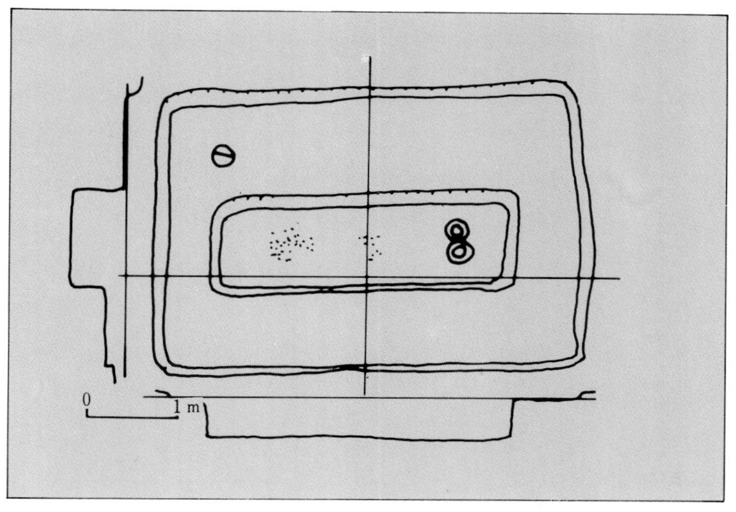

소사리 D호 토광묘 실측도 백제 후기에 속하는 토광묘로서 크기는 길이 3.1미터, 동, 서벽 너비가 각각 1미터이고 녹색, 청색, 갈색, 흰색 등 구슬 다수가 발견되었고 토기 2개가 남벽 가까이에서 드러났다.

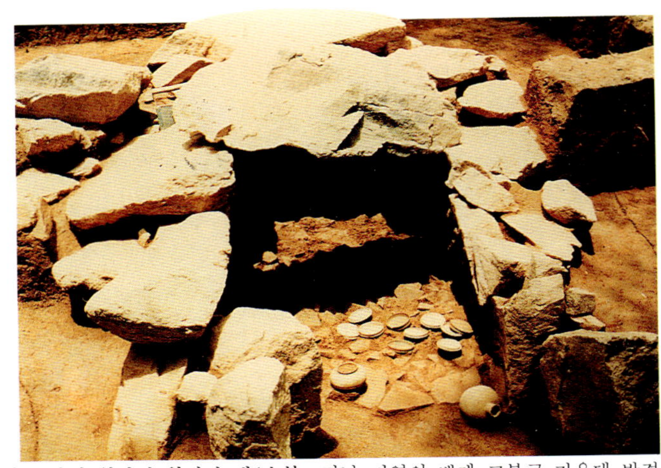

전남 함평 월야면 월계리 제4호분 전남 지역의 백제 고분군 가운데 발견
예가 얼마 되지 않는 횡혈식 석실분으로서 현실 네 벽과 연도 측벽은 큼직한
포갠 돌로 구축하고 현실 천장에는 대형 포갠 돌 3개를 덮었으며 현실 입구
에 토기류를 부장하였다.

수혈식 석곽은 금산 상가리 고분(錦山上佳里古墳)에서는 평면이
장방형이고 크기는 길이 3.26미터, 너비 0.90미터, 높이 1.24미터이
며 네 벽은 포갠돌로 10 내지 12단 쌓았는데 위로 올라가면서 안쪽
으로 좁혔다. 천장에는 큰 판석 4장을 덮고 바닥은 지반면에 진흙
을 깔았으며 서북의 짧은 벽이 다른 세 벽면과 비교하여 고르지
못한 점으로 미루어 시체를 매장한 뒤에 밖에서 막은 것 같다.

임실 금성리(任實金城里) B호분의 석곽은 주곽(主槨)과 남벽
중앙에 마련한 부곽(副槨)으로 이루어졌다. 주곽의 평면은 장방형이
며 크기는 길이 2.80미터, 너비 0.72미터, 높이 0.70미터이며 부곽은
한 변 길이가 0.45미터인 방형이다. 주곽과 부곽의 네 벽은 고르지
못한 막돌, 포갠 돌 등을 섞어 쌓았고 천장에는 덮개돌을 덮지 않고
나무 뚜껑을 덮었던 것으로 보인다. 이와 같은 구조 형식의 것으로
는 A, C호분이 있다.

횡혈식 석실은 축조 재질, 벽면의 구성, 천장의 형태, 연도의 위치, 묘실의 수 등 구조 형식의 특징에 의거하여 세 가지 형식으로 나누게 된다. 제1형식은 현실의 평면이 장방형이고 포갠 돌, 막돌 등으로 벽면을 구축하였는데 네 벽은 위로 올라가면서 안쪽으로 기울어졌으며 천장에는 큰 판석을 덮고 연도는 남벽 동쪽에 치우쳐 있다. 능산리 할석총(割石塚)은 현실의 크기는 길이 2.70미터, 너비 1.29미터, 높이 1.29미터이며 연도는 길이 0.65미터, 너비 0.712미터, 높이 1미터이다. 벽면에는 석회를 발랐으며 연도는 막돌로 막았다.

제2형식은 현실의 평면이 장방형이고 벽면은 다듬은 돌 또는 물갈음한 큰 판석으로 구축하였으며 천장의 형태는 천장 중앙부가 양쪽 끝이 경사진 것, 편평한 천장(平天障), 반원통을 이룬 것 등이 있다. 그리고 현실 바닥에 1 내지 2개의 관대가 있고 연도는 남벽의 한쪽에 치우쳐 마련된 것, 중앙에 있는 것 등이 있으며 연문에 돌문 시설이 있든가 통로, 배수구 등이 있다. 이러한 제2형식은 천장의 형태와 연도의 위치에 의하여 네 가지 유형으로 다시 나뉜다.

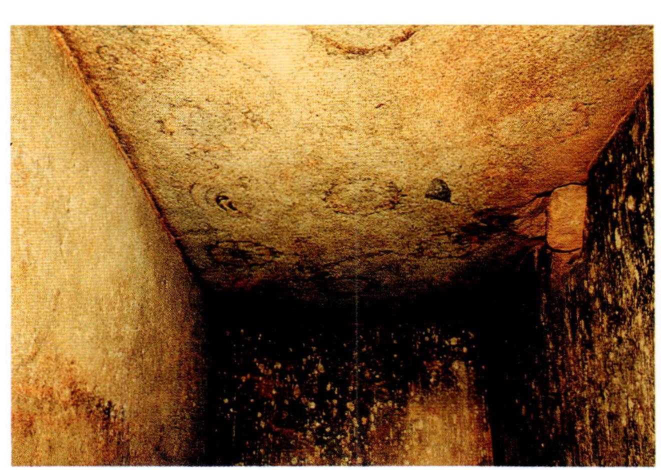

부여 능산리 벽화 고분 벽면과 천장 구조

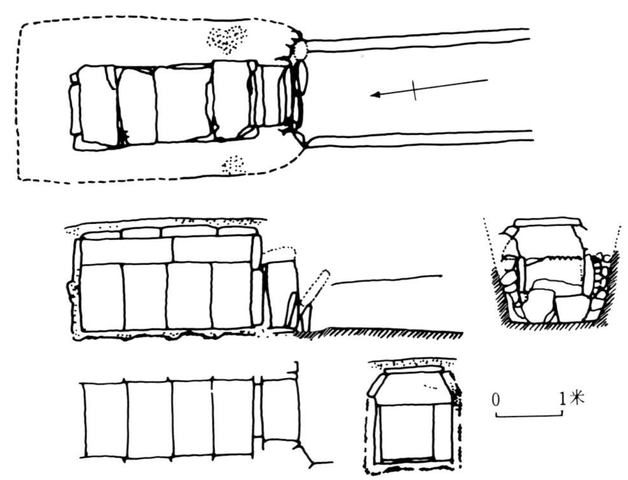

제1유형은 벽면 구축에 큰 판석을 사용하고 천장에는 1단 내지 3단의 고임돌을 놓아 좁힌 점이 특징이라 하겠는데 능산리 제3호분의 석실은 연도와 현실로 이루어졌고 현실의 평면은 장방형이며 연도는 남벽 동쪽에 치우쳐 있다. 현실의 네 벽은 잘 다듬은 큰 판석을 사용하였는데 동, 서벽에 각각 4장을 연이어 세우고 북벽은 위아래 2장을 쌓았으며 남벽은 현문(玄門) 위에 1장을 올려 놓았다. 천장은 동서 두 긴 벽 위에 1단의 고임돌을 안쪽으로 기울어지게 놓고 그 위에 판석 4장을 가로로 놓아 구축하였다. 현실 바닥에는 큰 판석 4장을 깔았고 연도는 좌우 양벽, 천장 및 바닥에 각각 큰 판석 1장씩을 사용하여 직방체(直方體)를 이루게 구축하였으며 현문에는 1장의 돌문이 있고 연문은 판석 4장으로 막았다. 그리고 연문 밖에는 지반을 파서 만든 통로 시설이 있다. 구조 형식이 이와 같은 고분에는 능산리 제4호분(현실 천장의 고임돌이 3단), 중상총(中上塚), 서하총(西下塚), 전상총(塼床塚), 염창리 석실분(鹽倉里石室墳) 등이 있다.

　제2유형은 석실 구축에 판석과 벽돌형의 다듬은 돌을 사용하고 연도가 남벽의 중앙에 위치한 점이 제1유형과 다른 특징이라고 하겠다. 능산리 제5호분의 석실은 연도와 현실로 이루어졌고 현실의 평면은 장방형이며 연도는 남벽의 중앙에 달렸다. 현실의 네 벽은 큰 판석과 다듬은 돌을 사용하였는데 동벽은 커다란 다듬은 돌 4개를 연이어 세우고 그 위에 가늘고 긴 다듬은 돌을 1단 쌓았으며 서벽은 다듬은 돌 3개를 연이어 세우고 그 위에 가늘고 긴 다듬은 돌 1단을 쌓았다. 북벽은 큰 판석 1장으로 이루어졌다. 그리고 벽면에는 석회를 두껍게 발랐다. 천장은 동서 두 긴 벽 위에 1단의 가늘고 긴 고임돌을 경사지게 놓고 그 위에 판석 4장을 덮어서 구축하였다. 현실 바닥에는 약간 두껍게 석회를 발랐으며 현문에는 1장의 돌문이 있다. 연문은 포갠 돌을 쌓아 막았고 연문 밖에는 지반을 파서 통로를 만들었다. 이와 같은 구조 형식의 고분에는 능산리 동 제1, 2호분과 능산리 석실분, 현북리(縣北里) 석실분, 논산 육곡리 고분(論山六谷里古墳), 익산 신왕리 쌍릉(益山新旺里雙陵) 등이 있다.

　제3유형에는 능산리 벽화 고분(東下塚)이 있는데 석실은 연도와 현실로 이루어졌고 현실의 평면은 장방형이며 단면은 직방체이고 연도는 남벽의 중앙에 달렸다. 현실의 네 벽과 천장은 화강암, 편마암 등의 거대한 판석 1장으로 구축하였는데 동, 북벽은 편마암, 서벽과 천장은 화강암으로 이루어졌으며 물갈음한 벽면에는 사신도, 천장에는 비운(飛雲), 연화도가 그려져 있다. 현실 바닥에는 장방형 전을 깔았고 중앙에는 전축관대가 마련되었으며 연도는 길게 2구로 나누어져 앞쪽으로 나가면서 넓어졌는데 현실 입구에 연접한 1구는 큰 판석 4장으로 조립하듯이 구축하고 그 전방부의 1구는 포갠 돌을 쌓고 벽면에 석회를 발랐다. 현문에는 1장의 돌문을 달아 막고 가늘고 긴 연도 입구인 연문은 포갠 돌, 막돌을 쌓아서 막았다.

54쪽 그림

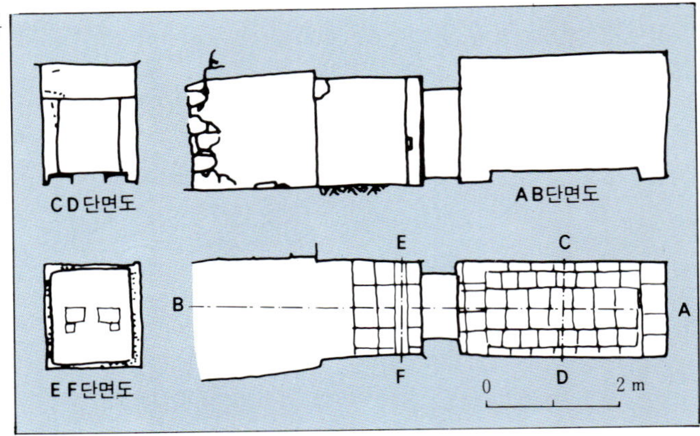

제4유형에는 능산리 중하총(陵山里中下塚)이 있는데 석실은 연도
와 현실로 이루어졌고 현실의 평면은 장방형이며 연도는 남벽의
중앙에 달렸다. 현실의 네 벽은 크고 작은 전돌 모양의 다듬은 돌로
구축하였는데 동서 두 긴 벽은 위로 올라가면서 안쪽으로 기울어져
단면 아치형인 반원통형 천장을 구성하고 남북의 두 짧은 벽은 수직
이다. 벽면에는 석회를 발랐고 현실 바닥에는 방형의 판석을 바둑판
모양으로 깔았으며 그 위에 석회를 발랐다. 연도는 앞쪽이 넓고
현실과 같은 석재로 축조하였으며 벽면에는 석회를 발랐다. 현문에
도 1장의 돌문이 달려 있고 연도 입구는 전돌 모양의 다듬은 돌을
쌓아 막았다.

제3형식은 하나의 분구 안에 2개의 가늘고 긴 횡혈식 석실이
한 쪽 측벽을 접하여 나란히 있는 특수한 구조 형식의 것으로서
나주 흥덕리 석실분(羅州興德里石室墳)이 이러한 형식이다. 서로
접하고 있는 2개의 석실은 연도와 현실로 이루어졌고 동, 서 현실
은 1장의 편평한 거석을 사이에 한 중벽(中壁)에 의하여 구분되었으
며 연도는 1단의 적석을 장벽(障壁)으로 하여 동서로 갈라졌다.

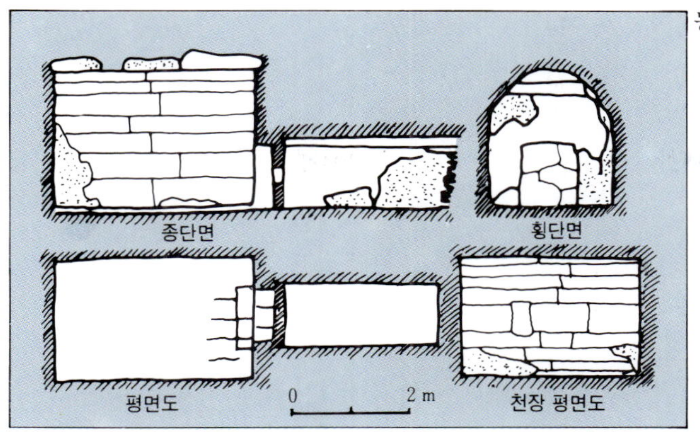

덕흥리 석실분 석실 실측도

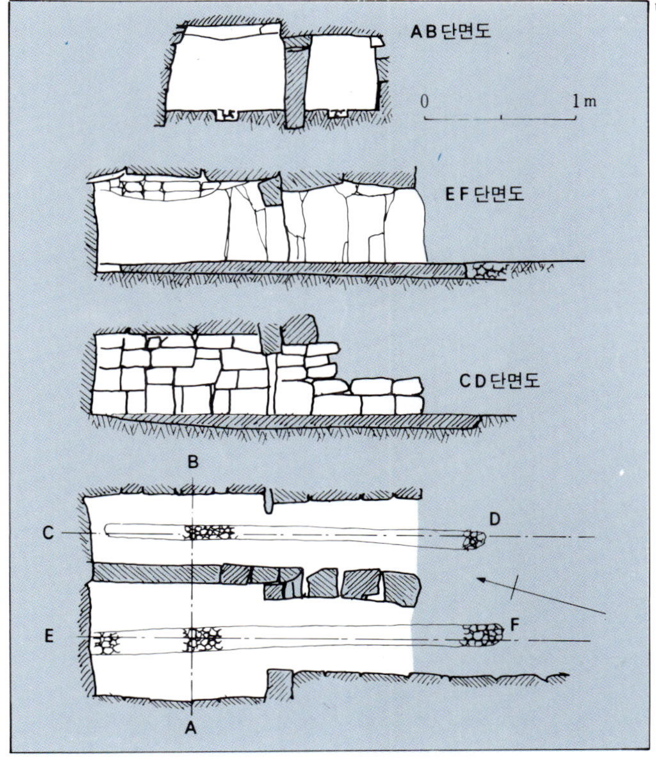

동쪽의 현실은 좁고 서쪽의 현실은 방형이며 중앙에 연도가 달렸다. 동, 서 두 현실의 바깥쪽 장벽은 위로 올라가면서 안쪽으로 기울고 천장에는 큰 판석 3장을 덮었다. 현실 바닥은 암반이나 동쪽 현실 바닥만은 장방형 점판암 5장을 깔았다. 연도의 천장에는 큰 판석 2장을 덮었고 두 석실은 바닥의 암반을 파고서 사암 조각을 채워 배수구 시설을 마련했는데 배수구는 현실의 중앙에서 연도를 지나 밖으로 연장했고 연도부는 많은 막돌에 진흙을 발라 막았다.

57쪽 사진

옹관묘는 부여읍 능산리, 염창리, 남원군 두락리(南原郡斗洛里), 고창읍 신원리(高敞邑新原里) 등과 6세기 초에 백제가 접수한 영산강 하류역(榮山江下流域)인 나주군(羅州郡), 영암군(靈岩郡) 등 일대에 분포하고 있는데 나주군 반남면(潘南面) 고분군은 자휘산(紫徽山)을 둘러싼 신촌리(新村里), 덕산리(德山里), 대안리(大安里) 등에 밀집하고 있으며 영암군 시종면 내동리(始終面內洞里)에도 군집하고 있다.

부여읍 능산리의 옹관묘는 지표 아래 60 내지 90센티미터 되는 곳에 네 모서리가 둥그스럼한 구형 토광(矩形土壙)을 파고 그 안에 단지, 기대 하반부 등을 뚜껑으로 한 큰 단지형 토기를 수평으로 묻은 단관 형식이다.

나주 신촌리 제9호분은 한 변의 길이 33미터, 높이 6미터 정도의 방대형 고분이다. 분구 정상부의 평탄면 아래에 위아래 2층으로 옹관 12기가 매장되어 있는데 위층의 옹관 9기 가운데 2기는 서북, 1기는 동북, 6기는 동남으로 각각 머리를 향하고 아래층의 옹관 3기 가운데 2기는 분구 가운데 위층의 옹관 바로 아래에 있고 다른 1기는 서남으로 머리를 향하고 있다. 이 옹관 가운데에서 금동관

58쪽 사진

(金銅冠)이 드러난 을(乙)관은 반통형인 큰 독 아가리에 작은 독 아가리를 집어 넣고 맞닿은 부분에 두껍게 진흙을 바른 합구식 옹관으로서 관의 전체 길이는 2.57미터이다. 영암 내동리 제7호분은

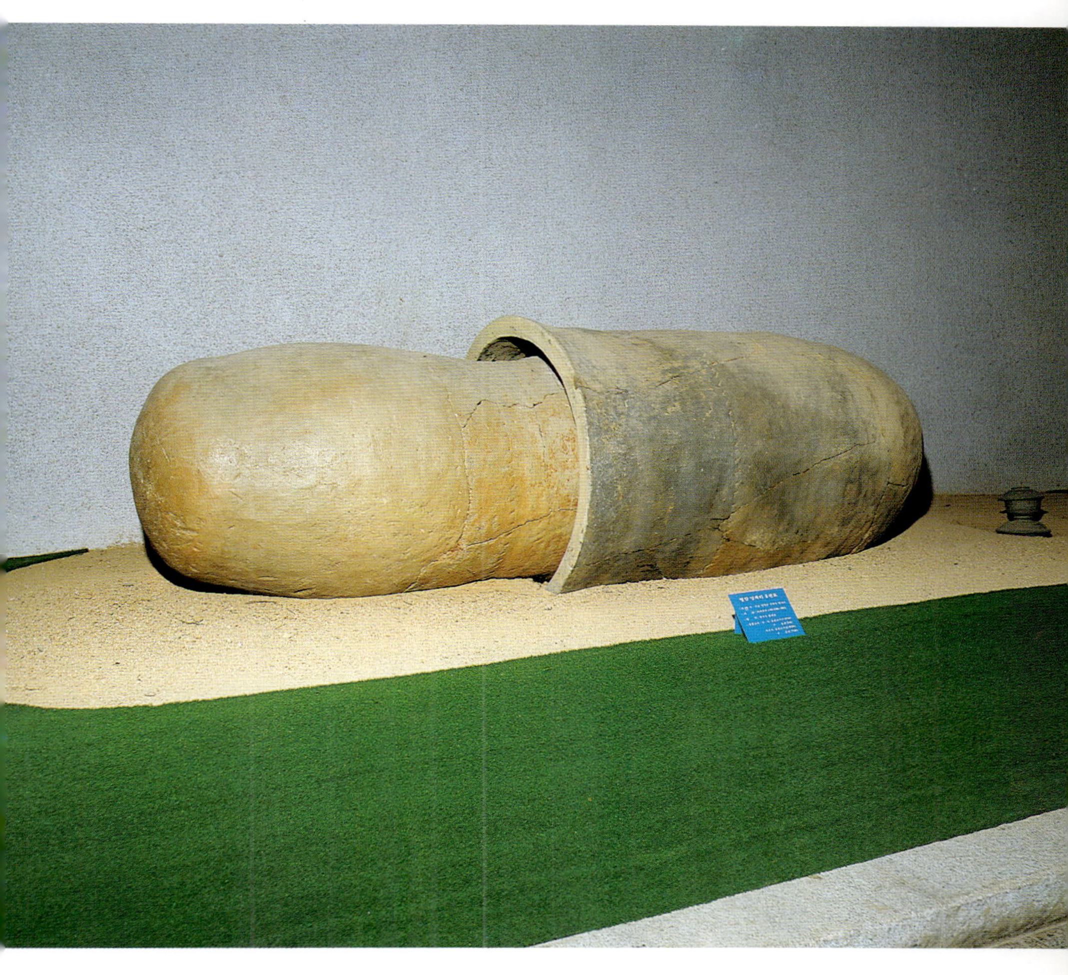

영산강 하류역 옹관묘   옹관묘는 부여읍 능산리, 염창리, 남원군 두락리, 고창읍 신원리 등과 6세기 초에 백제가 접수한 영산강 하류역에 분포하고 있다.

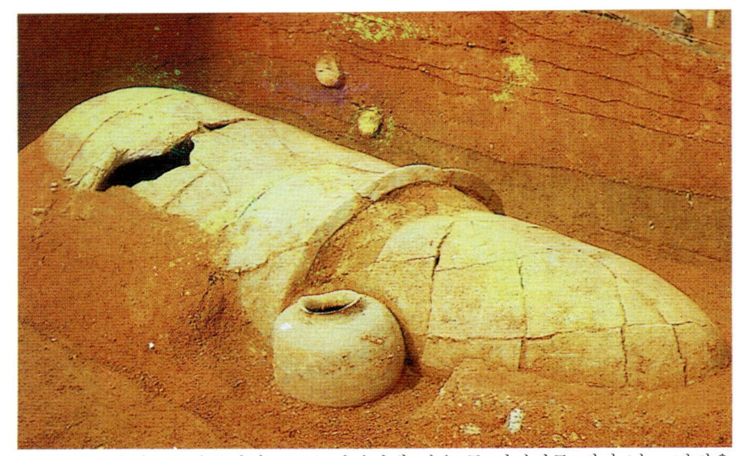

나주 신촌리 옹관묘 반통형인 큰 독 아가리에 작은 독 아가리를 집어 넣고 맞닿은 부분에 두껍게 진흙을 바른 합구식 옹관이다.

분구 정상부의 평탄면 아래 약 1.70미터 되는 곳에 6기의 옹관과 1기의 토광묘가 있다. 이 가운데 제5호관은 대형, 중형, 소형 3개의 독을 연이어 대체로 동서 방향으로 수평하게 눕혀서 묻은 옹관인데 서쪽의 큰 독 아가리에 중간 크기 독의 구멍이 뚫린 밑부분을 넣고 중간 크기 독 아가리에 구연부를 깬 크기가 작은 독 아가리를 밀어 넣고서 각기 맞닿은 부분에 황색 진흙을 발랐다.

　　화장묘 가운데 부여읍 중정리 당산(中井里唐山) 제1호분은 당산 (해발 90미터) 정상에 위치하고 있는데 장골 유구(藏骨遺構)는 잔디가 덮인 부식토층 아래 약 35미터 되는 곳의 암반에 깊이 30 내지 40센티미터, 지름 31센티미터의 원형 구덩이를 파고 그 안에 경질 토기인 유개완형(有蓋埦形) 장골 용기 2개를 위아래로 겹쳐 놓고서 원형 구덩이에 편평한 막돌로 뚜껑을 한 구조이다. 구덩이의 바닥에는 부식토를 깔았고 그 위에 대형의 장골 용기를 놓고서 다시 대형의 용기 위에 소형의 용기를 겹쳐 놓고 주위의 공간에 부식토를

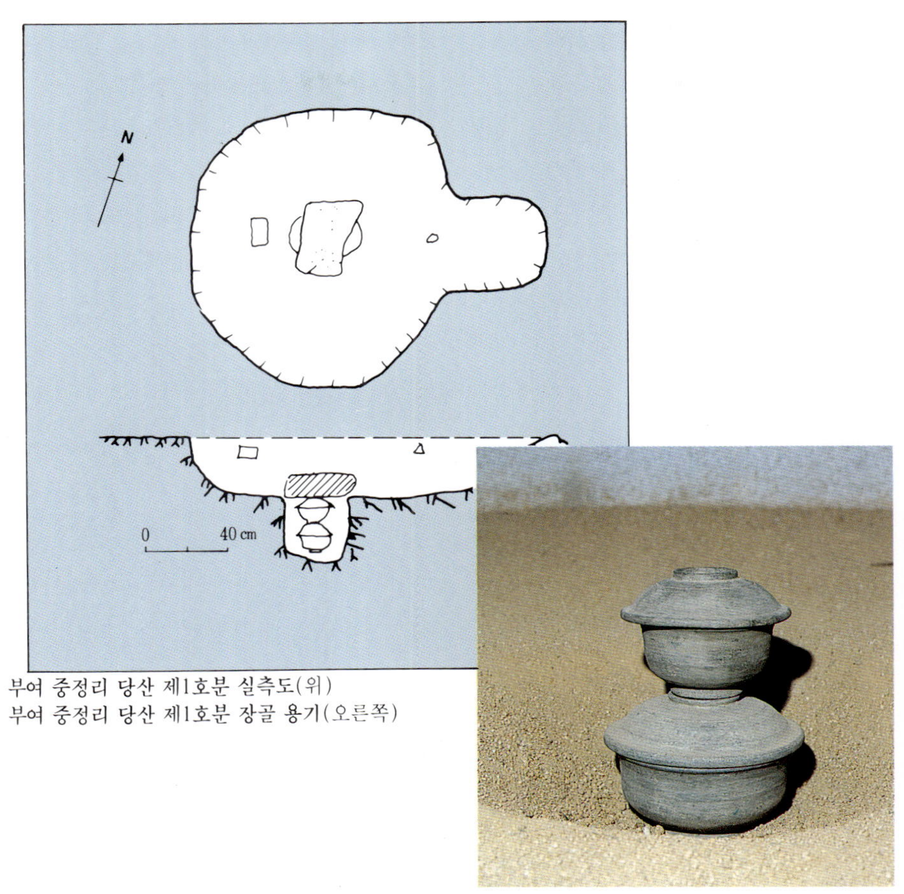

부여 중정리 당산 제1호분 실측도(위)
부여 중정리 당산 제1호분 장골 용기(오른쪽)

채워 넣었다. 뚜껑돌은 대체로 방형의 막돌이며 부식토에 덮혀 있었
다. 당산 제2호묘는 지면 아래의 암반에 원형 구덩이를 파고 바닥의
중앙에 아가리가 넓고 밑이 납작한 유개호형 토기(有蓋壺形土器)
8개를 배치하였다. 이 장골 용기는 흑갈색 부식토로 덮혀 있었다.
부여 지역에서는 여러 개의 장골 용기가 발견되었으나 매장 유구는
확인되지 않았다.

신라

신라 고분은 고구려, 백제, 가야 등의 고분에 비하여 구조 형식이 매우 단조로우나 신라 특유의 고분을 영조하였다. 그리고 삼국시대에는 적석 목곽분이 주류를 이루었으나 통일신라시대에는 횡혈식 석실분의 축조가 성행하였다. 이러한 점을 고려하여 여기에서는 통일 이전의 전기 신라시대와 통일 뒤의 후기 신라시대로 나누어 설명하였다.

전기 고분

고분의 분포

신라 전기(3세기 중엽경~668년) 고분은 도읍지였던 경주(慶州)를 중심으로 그 근교에 군집하고 있는데 특히 경주시 노동동(路東洞), 노서동(路西洞), 황오동(皇吾洞), 인왕동(仁旺洞) 지구에 밀집하고 있으며 노서동에는 금관총(金冠塚), 서봉총(瑞鳳塚), 봉황대(鳳凰臺), 호우총(壺杅塚)과 은령총(銀鈴塚) 같은 유명한 고분이

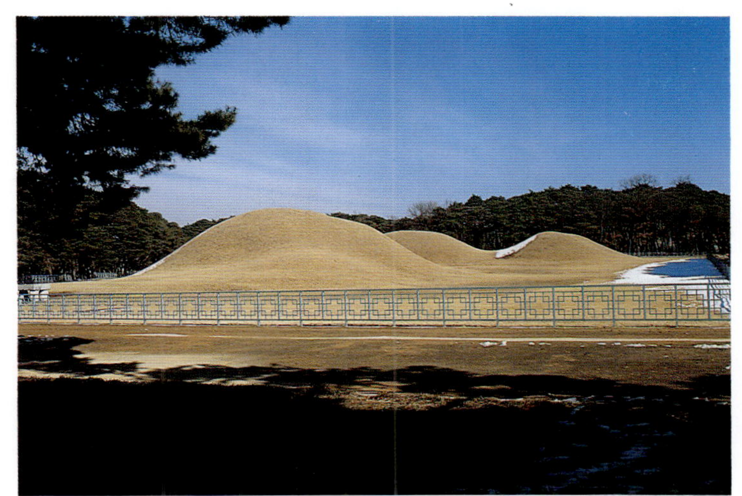
신라 고분군　신라 고분의 입지 선정은 평지를 선택하고 있음이 특징이다.

위치하고 있다. 한편 경주 시내에서 좀 떨어진 월성군 서면 금척리
(月城郡西面金尺里)에도 수십 기의 고분이 분포하고 있다.

고분의 입지

　전기 고분은 통일신라시대 또는 백제의 중기, 후기 고분 및 가야
고분 등이 구릉 정상 또는 구릉의 비탈에 축조하고 있음에 반하여
고구려 고분의 입지 상태와 흡사하게 평지를 선정하고 있으며 이
평지의 입지 선정은 통일신라시대에 이르기까지 일관되었음이 특색
이라고 하겠다.

고분의 구조

　분구　전기 고분의 분구는 그 외형이 거의 원형이지만 조롱박을　　62쪽 사진
세로로 잘라 엎어 놓은 것 같은 모양의 쌍원형인 것도 10여 기가

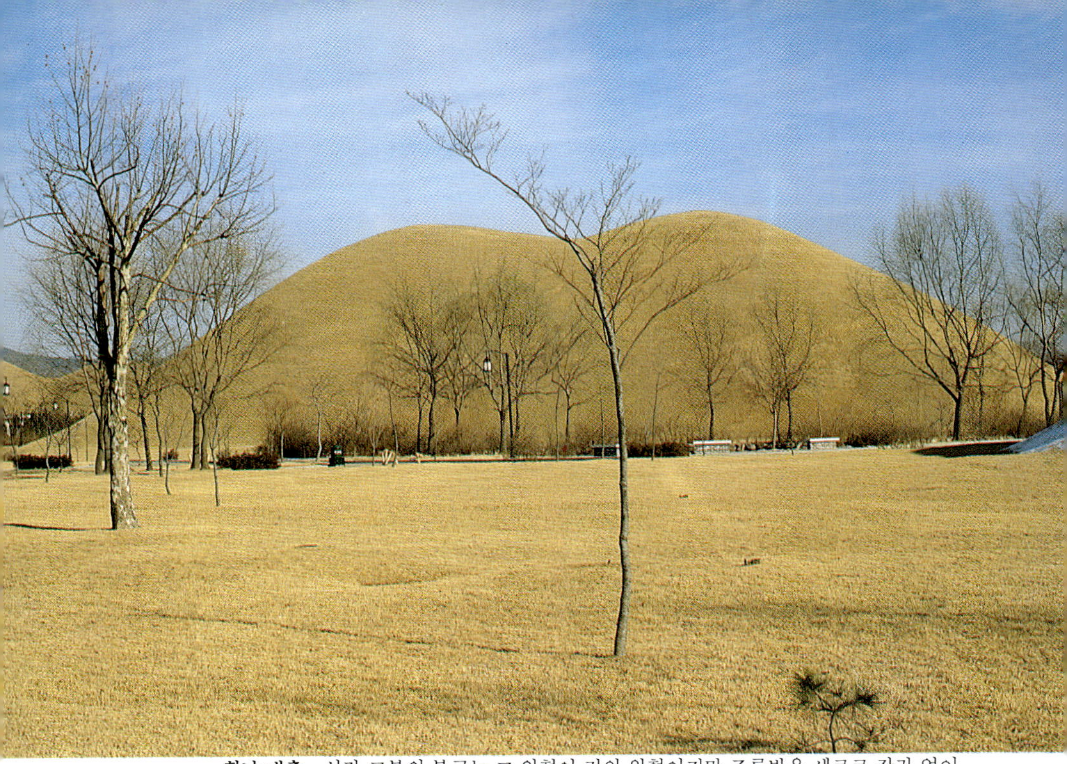

황남 대총　신라 고분의 분구는 그 외형이 거의 원형이지만 조롱박을 세로로 잘라 엎어 놓은 것 같은 모양의 쌍원형인 것도 10여 기가 있다.

있다. 원형의 분구는 기저부 지름 20미터 안팎, 높이 6 내지 7미터 정도가 일반적이나 그 가운데 봉황대와 같이 기저부 지름 82미터, 높이 21미터가 넘는 조그마한 산 같은 큰 고분도 있으며 금관총과 같이 기저부 지름 약 45미터, 높이 약 12미터 되는 것도 있다.

　쌍원분으로서 저명한 황남대총(皇南大塚)은 남북 지름 약 114 미터, 높이 약 23미터가 되며 동서 지름은 남분, 북분이 동일하게 약 82미터가 된다. 봉토는 모래에 잔자갈이 섞인 적갈색 흙이고 분구의 축성 상태는 황남동 제82호분의 예에 의하면 표토에서 약 50미터 두께는 막돌 조각이 섞인 굳은 진흙층이고 그 아래 약 50 센티미터 두께는 모래에 자갈이 섞인 흙이며 다시 그 아래 60미터 두께는 질이 좋은 적갈색 진흙층이다. 그리고 분구의 중핵을 이루는 적석(積石)의 상부면에는 황갈색 진흙을 발랐다. 또 금령총(金鈴塚)의 예에 의하면 분구 축성은 기저부 둘레에서부터 수평으로 판축(版築)하였음을 알 수 있고 호석을 두른 것도 있다. 천마총(天馬塚)은 황갈색 모래질 흙, 흑갈색 부식토, 황갈색 진흙 등을 섞어가면서 다져 축성하였는데 분구의 크기는 동서 기저부 지름 60미터, 남북 기저부 지름 51.50미터, 높이 12.70미터이다.

내부 구조 전기 신라시대의 고분 가운데 주류는 적석 목곽분이고 그 내부 주체는 적석 목곽이다. 그리고 매장법의 변화에 따라 내부 주체의 구조에도 약간의 상위가 나타나므로 크게 두 형식으로 갈라놓을 수 있다. 하나는 분구 안에 2곽 이상이 영조된 다곽식 적석 목곽분(多槨式積石木槨墳)이고 다른 하나는 1곽만이 축조된 단곽식 적석 목곽분(單槨式積石木槨墳)인데 다곽식 적석 목곽분에는

천마총 실측도(남북 단면) 단곽식 적석 목곽분인 천마총은 지표 아래에 장방형 토광을 파지 않고 어느 정도 성토한 뒤에 축조하였다.

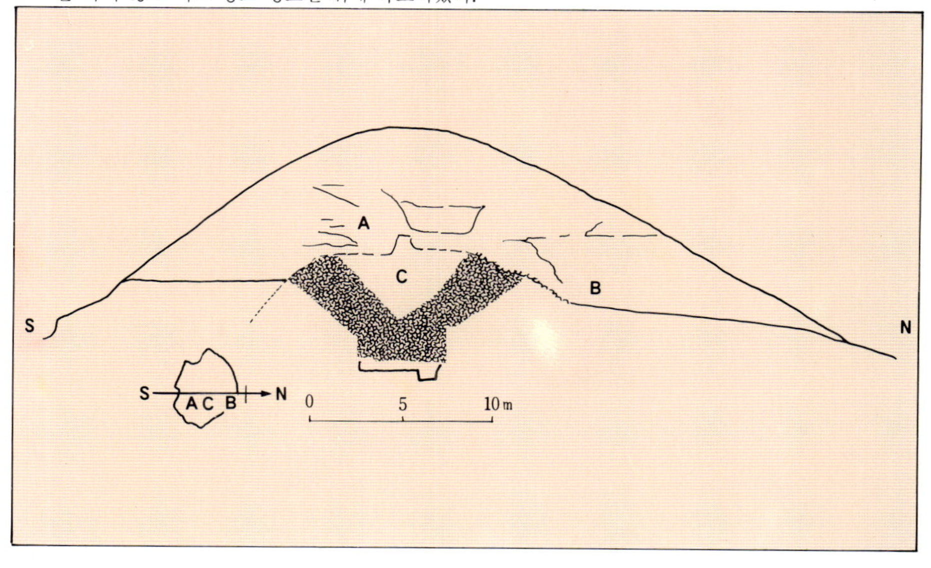

구조 형식, 출토 유물 등으로 미루어 2개의 주곽이 있는 합장의 부부묘로 여겨지는 것과 3개 이상의 주곽이 있는 다수장의 가족묘가 있다.

65쪽 사진

　한편 적석 목곽분은 세부에 있어서는 약간의 차이를 보이나 일반적인 구조는 지하에 장방형의 토광을 파고 토광 바닥에 편평한 강돌을 두 벌 정도 깐 다음에 다시 그 위에 자갈을 깔아 돌바닥을 만들고 돌바닥 위에 목곽을 짜 놓는다. 그리고 목곽 바닥 가운데에 목관을 안치하고 관의 주위 공간에 부장품을 배치하고서 목곽의 상부, 주위 등에 사람 머리 크기의 강돌을 적석총의 분구 모양으로 쌓고 이 적석 위에 흙을 덮고서 분구를 축성한 구조 형식이다.

　다곽식 적석 목곽분 가운데 황남동 제109호분을 보면 하나의 분구 안에 4개의 곽이 있고 세 사람을 묻었다. 제1곽은 분구의 중앙에서 서쪽에 놓이고 분구 정상과 지극히 가깝게 위치하였으며 제2곽은 제1곽의 북쪽 끝과 직각으로 구부러지는 위치에 배치되었는데 지반 위의 분구를 파서 이용하였다. 제3, 4곽은 지반을 깊게 파고서 축조했는데 이 두 곽은 동서로 길게 연이어 병존하고 제4곽의 일부는 제1곽의 아래에 위치한다. 그리고 제4곽의 구조는 제3곽보다 약간 작으므로 제3곽의 부곽으로 보인다. 각 곽의 위치, 유물 등으로 미루어 제3곽은 무사인 주인, 제2곽은 여성, 제1곽은 소년을 매장한 것으로 생각되며 서로 밀접한 신분 관계를 맺고 있는 가족묘로 추측케 한다.

66쪽 그림

　하나의 분구 안에 2개의 주곽을 축조한 황오동 제14호분은 제1주곽, 제1부곽과 제2주곽, 제2부곽이 남북으로 병렬되어 있다. 곧 4개의 곽은 서로 평행하게 위치하고 2구의 시체를 안치한 주곽과 부장품을 넣은 2개의 부곽으로 이루어졌다. 황오동 제33호분은 2개의 부곽이 동,서 두 주곽의 사이에 배치되고 2개의 부곽은 모두 서쪽 주곽에 접하고 있다. 황오동 고분은 부곽이 없는 2개의 적석

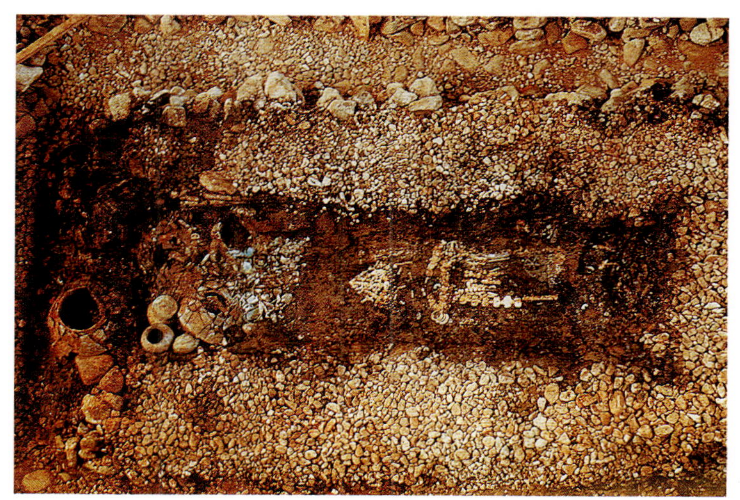

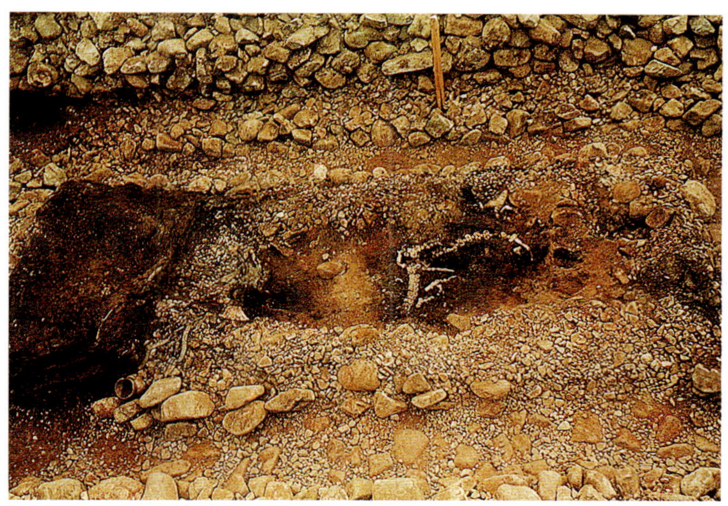

신라 적석 목곽분의 내부 구조   위는 황남 대총의 목곽 내부 구조이고 아래는 천마총의
  내부 구조로 출토 당시의 상황이다.

목곽을 남북으로 배치하였는데 동서 방향을 장축으로 하여 나란히 놓여 있다. 호우총과 은령총은 장축을 각각 동서로 하고 남북으로 갈라져서 병렬하였으며 2인이 매장되었다. 부장품에 의하여 북쪽의 호우총을 남성, 남쪽의 은령총을 여성으로 본다.

63쪽 그림 단곽식 적석 목곽분의 내부 주체는 적석 목곽의 일반적인 구조에서 본 것과 같으나 천마총에서는 지표 아래에 장방형 토광을 파지 않고 어느 정도 성토한 뒤에 그 성토 위에 축조하였음이 다르다고 하겠다. 단곽식 적석 목곽분 가운데 널리 알려진 고분으로는 금관총, 금령총, 식리총(飾履塚) 등이 있다.

황오동 고분 실측도

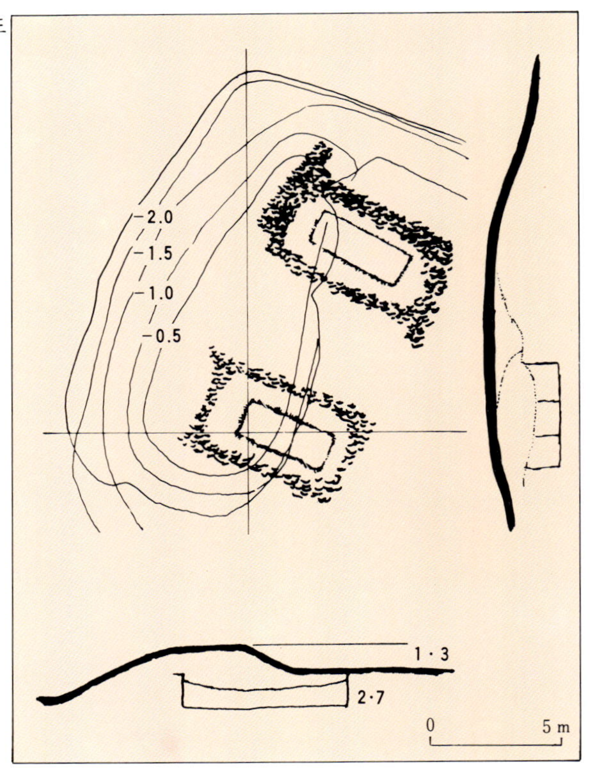

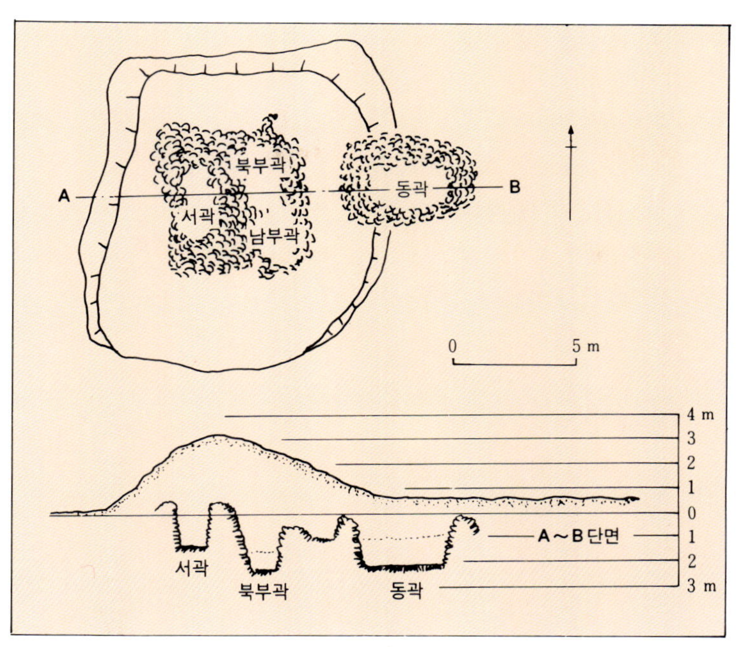

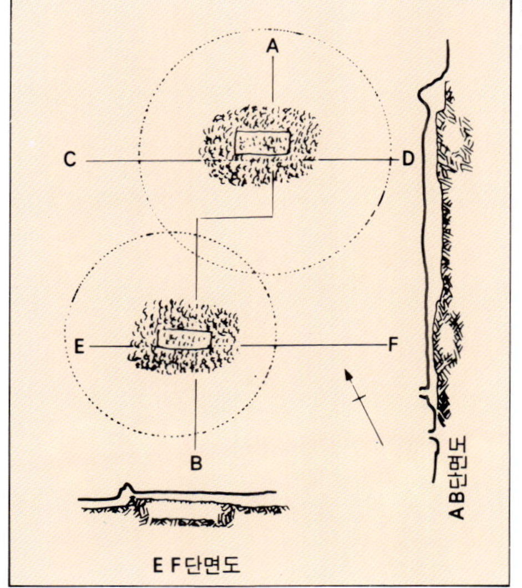

황오동 제33호분 평면도와 단면도(위)
호우총, 은령총 평면도와 단면도(왼쪽)

후기 고분

고분의 분포

신라 후기(668~936년)의 고분은 경주시 서악동(西岳洞), 충효동(忠孝洞), 보문동(普門洞) 지구 등에 분포하고 있는데 경주 평야를 둘러싸고 있는 산악, 이를테면 남산(南山), 소금강산(小金剛山), 선도산(仙桃山) 기슭 및 보문동의 높은 지대 등에 다수의 크고 작은 고분군이 있다.

고분의 입지

후기 고분의 입지는 분포 상태에서도 알 수 있는 것처럼 구릉 정상 또는 구릉의 비탈, 대지 등을 입지로 선정하였는데 그 가운데에는 쌍상총(雙床塚), 마총(馬塚) 등과 같이 노서동의 평지에 존재하는 것도 있다.

고분의 구조

분구 분구의 외형은 거의 모두가 원형이나 황남동 제143호분과 같이 쌍원형의 것도 있고 또 월성군 구정리 소재의 방형분(方形墳)도 있다. 이 방형분 한 변의 길이는 9.5미터이고 현재 높이는 약 2미터이다. 원형의 분구는 잔자갈이 섞인 고분 부근의 흙으로 축성하였는데 서악리 석실분(西岳里石室墳)의 예를 보면 분구 표토 아래 약 2미터부터는 석실의 외면을 장석질(長石質)의 작은 막돌이 섞인 진흙질 갈색 흙으로 덮고 연도 입구 앞면의 경사면에는 돌을 깔았다. 그리고 주변에 호석의 시설도 하였다. 분구의 높이는 약 3미터, 기저부 지름은 약 1.5미터로 구릉 위의 고분은 대체로 동일하다.

내부 구조 후기 신라시대의 주류를 이루는 고분은 횡혈식 석실분이다. 이 횡혈식 석실분은 고구려, 백제 등에서 일찍부터 행하여진

묘제로서 가야 고분에서도 찾아볼 수 있는데 신라에서 독자적으로 발생한 고분이 아니라 고구려, 백제, 가야 등과의 접촉을 통하여 그 영향에 의해 출현한 묘제라고 하겠으나 최근의 발굴 조사에서 가야와의 관계를 주목케 한다. 그리고 전기 신라시대(三國時代) 말기부터 후기의 통일신라시대 초에 걸친 시기에는 수혈식 석곽, 수혈계 횡구식 석실 등도 영조되었음이 추측된다.

  수혈계 횡구식 석실(竪穴系橫口式石室)의 예로서 황남동 제151 호분이 있는데 석실의 평면은 장방형이고 네 벽은 점판암의 포갠 돌을 쌓아서 구축하였으며 동, 서의 긴 벽은 위로 올라가면서 안쪽으로 기울고 남, 북의 짧은 벽은 대체로 수직이다. 천장에는 큰 판석 5장을 덮었고 석실 바닥에는 북벽에 접하여 포갠 돌을 쌓아서 만든 시상대가 있는데 배석 상태(配石狀態)로 보아 첫번째 시체를 매장한 뒤 3차에 걸쳐 증축하였음을 알 수 있다. 곧 남벽의 일부를 허문 뒤 수차의 시체 반입이 이루어진 것으로 보인다.

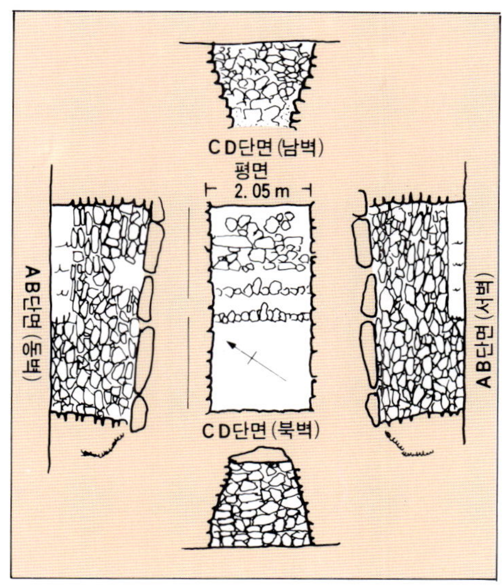

황남동 제151호분 실측도 수혈계 횡구식 석실의 한 예로서 석실 평면은 장방형이고 네 벽은 점판암의 포갠 돌을 쌓아서 구축하였다.

　　횡혈식 석실이 내부 주체인 쌍상총의 석실은 연도와 현실로 이루
어졌고 현실의 평면은 방형이며 연도는 남벽의 중앙에 달렸다. 현실
의 네 벽은 포갠 돌과 막돌을 섞어서 쌓아 구축하였는데 바닥에서
약 2미터까지는 수직이나 그 위는 안쪽으로 기울게 쌓아 좁히고
그 위에 삼각형의 막돌 1장을 덮어 천장부를 구성하였다. 현실 바닥

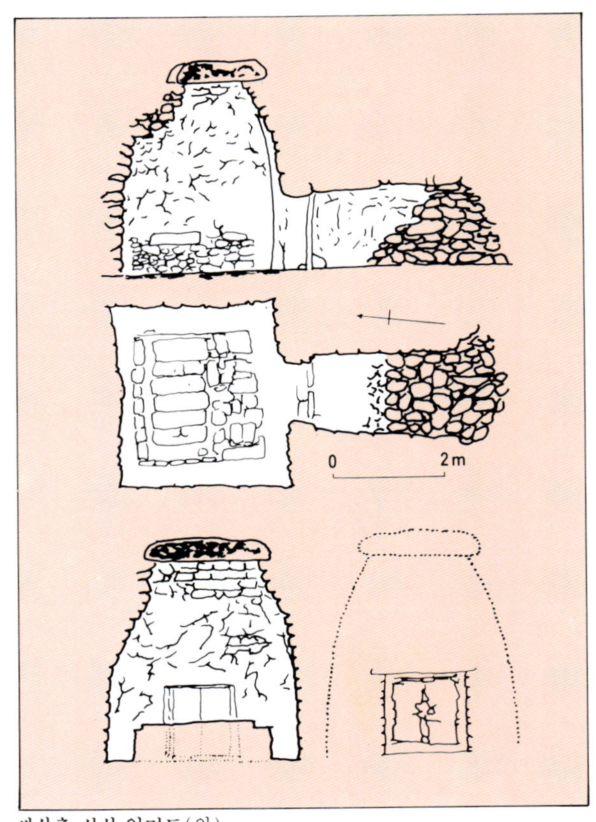

쌍상총 석실 입면도(위)
쌍상총 석실 평면도(가운데)
쌍상총 석실 종단면도와 연문 단면도(아래)

에는 석회를 바르고 2개의 시상대를 마련하였으며 제1시상대의 판석 위에는 위를 향하여 반듯이 누운 사람상을 음각하였고, 제2시상대 위에는 사람의 머리에서 양어깨에 이르는 부분의 형상을 음각한 돌베개와 돌족좌(石製足座)를 놓았다. 연도는 약 4미터이고 연도에서 밖으로 나가는 연문에는 아래에 문지방, 위에 이맛돌, 양쪽에 문설주가 있으며 2장의 돌문에는 청동제 문고리와 문빗장이 달려 있다.

충효동 제9호분의 석실은 연도와 현실로 이루어졌고 현실의 평면은 방형이며 연도는 남벽 서쪽에 치우쳐 있다. 현실의 네 벽은 바닥 가까이는 큰 돌을 사용하여 수직으로 쌓아 위로 올라가면서 작은 돌로 안쪽으로 기울게 쌓고 그 위에 판석 2장을 올려 놓아 천장부를 구성하였다. 현실 바닥에는 두껍게 진흙과 자갈을 섞어서 깔고 다시 그 위에 석회를 발랐으며 동쪽에 치우쳐 남북으로 긴 시상대 1개가 마련되었다. 연도는 좌우 측벽 위에 큰 판석 3개를 덮고서 천장부를 구성하였으며 연문은 이맛돌, 문설주, 문지방 등을 갖추었고 돌문 2장이 있다. 충효동 제10호분의 석실도 제9호분의 석실과 구조 형식이 거의 같으나 연도가 남벽 중앙에 달린 점이 다르다.

화장묘는 주로 산악 사원(山岳寺院)이 있는 경주 남산, 소금강산 등의 낮은 경사면에 군집하고 있다. 이 화장묘는 지표 아래 50센티미터 안팎의 얕은 곳에 석궤(石櫃) 또는 상자형 석곽에 골호(骨壺)를 안치한 매장 시설이다. 석궤는 화강암으로 만든 것으로서 단지형, 상자형 등이 있다.

위에서 살펴본 것처럼 통일신라시대 적석 목곽분이 자취를 감추고 횡혈식 석실분이 영조되고 국력이 강대해짐에 따라 고분의 형태도 왕릉과 같은 규모가 장대하고 정비된 것이 출현하였으나 불교의 융성에 따라 대두된 화장묘의 보편화에 의하여 고분의 축조는 쇠퇴하게 되어 결국 왕릉을 제외한 고분은 소멸의 과정을 밟게 되었다.

가야

가야 고분은 내부 주체의 구조 형식에 의하여 적석 목관분, 수혈식 석곽분, 수혈계 횡구식 석실분, 횡혈식 석실분 등과 토광묘, 석곽묘, 옹관묘, 적석 석곽분, 적석 목곽분 등이 있다. 그리고 이러한 가야 고분 가운데 이른 시기의 것은 3세기 중엽에 나타나고 고령(高靈)의 대가야가 멸망한 서기 562년경까지 축조되었다.

고분의 분포

가야 고분은 옛 영역이었던 경상, 남북도 일대에 산재하고 있는데 특히 낙동강 유역에 군집하고 있다.

그 가운데서도 경상북도의 선산(善山, 一善), 성주(星州, 星山伽倻), 고령(高靈, 大伽倻), 대구(大邱, 喙國), 경산(慶山), 경상남도의 함안(咸安, 阿羅伽倻), 창녕(昌寧, 比斯伐), 김해(金海, 金官伽倻), 진주(晋州, 古寧伽倻), 고성(固城, 小伽倻) 지역에 유명한 고분군이 있다.

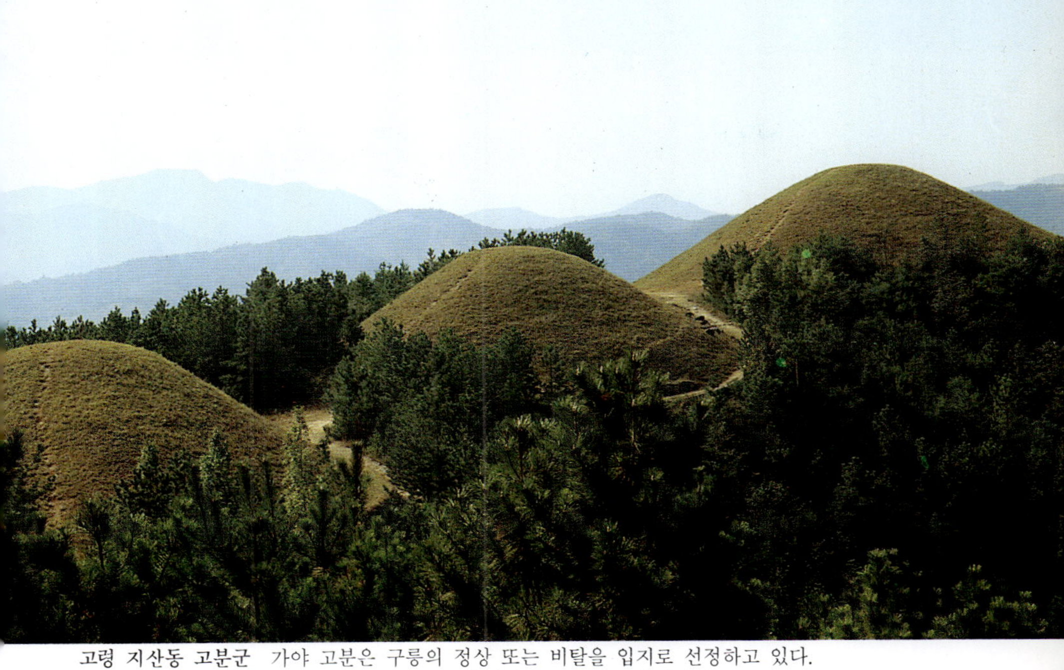

고령 지산동 고분군 가야 고분은 구릉의 정상 또는 비탈을 입지로 선정하고 있다.
또한 구릉 위에 연주형으로 축조한 고분군의 양상은 주목되는 점이다.

고분의 입지

가야 고분은 구릉의 정상 또는 비탈을 입지로 선정하고 있다.
또 고분의 입지 선정에서 주목되는 것은 당시의 산성과 밀접한 관계
가 있어 보이는 점이다. 곧 대구 달성(達城) 고분군의 남서쪽에 달성
이 있고 고령 지산동(池山洞) 일대의 고분군 부근에 이산산성(耳山
山城)이, 함안의 말이산(末伊山) 고분군 부근에 성산산성(城山山
城)이 있다. 그리고 하나의 구릉 위에 연주형으로 축조한 고분군의
양상은 서로 관계가 있는 것으로 생각된다.

고분의 구조

분구　가야 고분의 분구는 거의 모두가 원형이지만 선산 낙산동 월파정산(月波亭山) 고분군 제38호분에서 보는 것처럼 2기의 원형분이 근접하여 축조하였기 때문에 표형(瓢形) 곧 쌍원분을 이룬 것도 있으며 구릉의 사면을 이용하여 축조한 관계로 전방부와 후방부와의 높이가 일정하지 않다. 현재의 분구 높이는 3, 4미터가 보통이고 지름은 9 내지 15미터 안팎이다. 그 가운데는 함안 말이산 제34호분과 같이 높이 약 10미터, 기저부 지름 약 40미터가 되는 것도 있다. 분구의 축성에 있어 돌이 섞이지 않은 질이 좋은 진흙을 덮은 것, 자갈, 포갠 돌 조각이 섞인 흙으로 축성한 것 등이 있는데 함안, 고령의 고분은 자갈이 섞인 적갈색 흙이고 달성 지구의 고분은 포갠 돌 조각과 모래가 섞인 흙으로 축성하였으며 창녕 지구의 고분에는 분구 전면에 막돌, 강돌 등을 덮어 만든 즙석(葺石) 분구도 있다.

내부 구조　가야 고분의 내부 구조는 비교적 다양하고 고분의 변천 과정을 쉽게 알 수 있게 한다.

적석 목관 가운데 있어 의성 대리 고분 제1묘곽(義城大里古墳第1墓槨)은 동서로 긴 장방형이고 목관을 안치한 중앙부는 목관이 썩어 없어져서 목관 위에 쌓여 있던 적석이 내려앉아 凹형을 이루고 있었다. 적석의 상태는 중앙에서 동쪽은 강돌로, 서쪽은 판석 모양의 포갠 돌로 쌓았는데 목관과 부장품을 덮어 싸듯이 쌓여 있다. 적석의 길이는 4.97미터, 너비 1.84미터이다. 이와 같은 구조 형식에는 의성 탑리 고분 제5묘곽(塔里古墳第5墓槨)이 있다.

수혈식 석곽(竪穴式石槨)은 지면에 장방형의 직하광을 파고 강돌, 포갠 돌 등을 쌓아서 네 벽을 구축하고 그 위에 몇 장의 덮개돌을 올려 놓거나 나무 뚜껑을 덮는 구조 형식의 것이다. 의성 탑리 제2묘곽은 평면이 장방형이고 네 벽은 회색 사암질의 포갠 돌을 옆으로 눕혀서 쌓아 구축하고 바닥에는 자갈을 두 겹으로 깔았으며 천장에는 나무 뚜껑을 덮었다.

대구 신지동 남구릉(新池洞南丘陵) 제1호분의 석곽은 평면이 장방형이고 포갠 돌을 옆으로 눕혀서 쌓아 네 벽을 구축하였으며 벽돌 사이에는 흙을 채웠다. 천장에는 판석 6장을 덮고 석곽 바닥은 지반의 암반을 그대로 이용하였다.

대구 내당동 제50호분 제2석곽은 평면이 장방형, 네 벽은 강돌을 쌓아서 구축하고 벽돌 사이에는 짚을 썰어서 섞은 진흙을 채운 다음 에 두껍게 진흙을 발랐으며 천장에는 판석 4장을 덮었다. 바닥에는 자갈을 깔고 그 위에 편평한 강돌 4개를 놓고서 관대로 하였다.

부산 동래구 복천동(福泉洞) 제1호분의 석곽은 평면이 장방형이고 길이 8.30미터, 너비는 서남 1.30미터, 동북 1.40미터이며 깊이는 1.30미터이다. 네 벽은 편평한 화강암의 포갠 돌을 세 겹으로 쌓아 구축하고 벽면에는 진흙을 발랐으며 천장에는 크기 약 가로 2.20

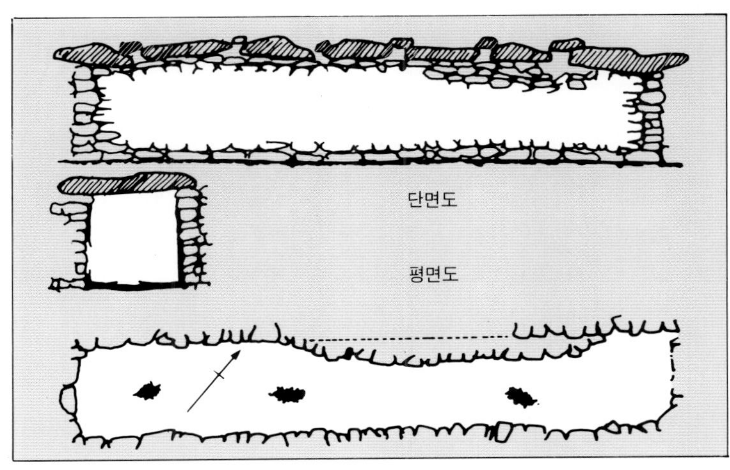

부산 동래구 복천
동 제1호분 석곽
단면도, 평면도

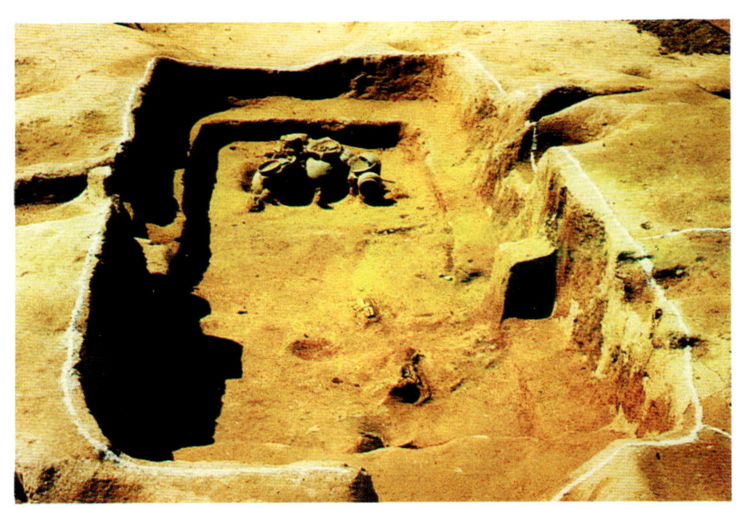

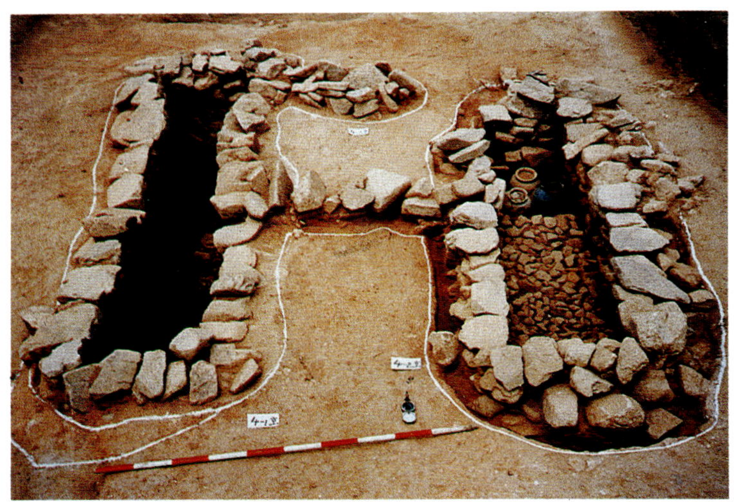

가야 고분의 구조 위는 창원시 도계동의 목곽 토광묘 유구이고 아래는 양산 북정리 고분의 내부 구조이다. 가야 고분의 내부 구조는 비교적 다양하고 고분의 변천 과정을 쉽게 알 수 있게 한다.

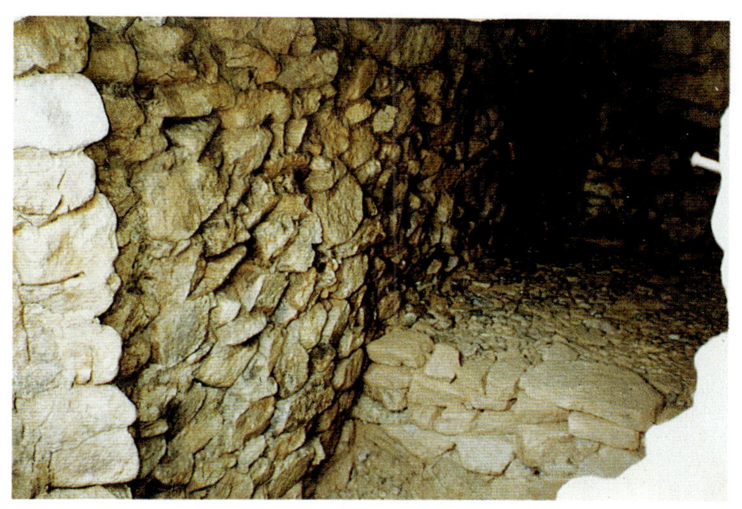

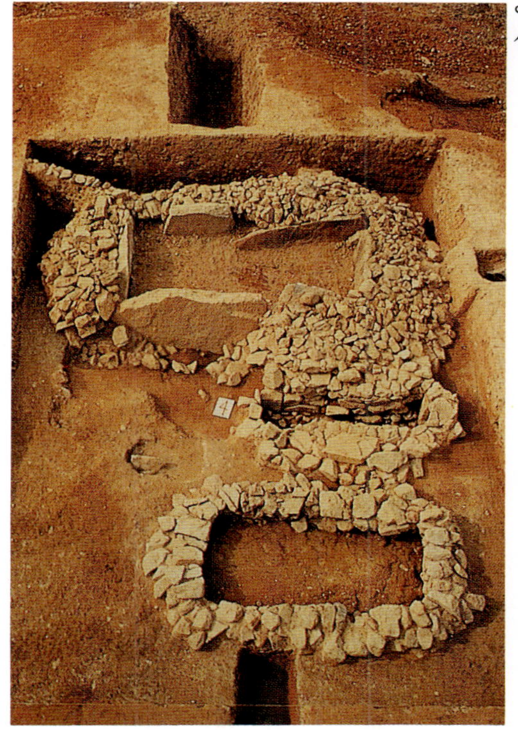

양산 부부총 입구와 관대(위)
성주 성산동 제38호분의 내부 구조
 수혈식 석곽의 예를 보인다.(왼쪽)

미터, 세로 1.30미터, 두께 0.30미터의 판석 8장을 옆으로 덮었고 석곽 바닥에는 자갈을 한 벌 깔고 윗면에 진흙을 발랐다.

함안 도항리(道項里) 제2호분의 석곽은 평면이 장방형이고 네 벽은 포갠 돌을 옆으로 눕혀서 수직으로 쌓아 구축하고 천장에는 편평한 판석 13장을 덮었다. 이와 같은 구조 형식의 것에는 도항리 제1호분이 있다.

수혈계 횡구식 석실은 수혈식 석곽과 대체로 구조 형식이 동일하나 네 벽 가운데 다른 세 벽과 달리 짧은 벽 하나는 석실을 축조한 다음 밖으로부터 돌을 쌓아 막았다. 다시 말하면 수혈식 석곽은 네 벽을 구축하고 시체를 안치한 다음에 천장돌을 덮으나 수혈계 횡구식 석실은 우선 세 벽을 구축하고 천장돌을 덮고 한 쪽으로 시체를 넣어 안치한 다음 밖에서 막은 것으로서 수혈식 석곽에 횡구(橫口)를 단 것 같은 형태이다.

안동 조탑동 고분 동곽(造塔洞古墳東槨)은 평면이 장방형이고 네 벽은 덩어리 모양의 포갠 돌을 쌓아서 구축하고 동, 서의 긴 벽은 위로 올라가면서 안쪽으로 기울어졌으며 북쪽 짧은 벽은 수직이나 남쪽 짧은 벽은 바깥쪽으로 기울어져서 밖에서 쌓아 막았음을 알 수 있다.

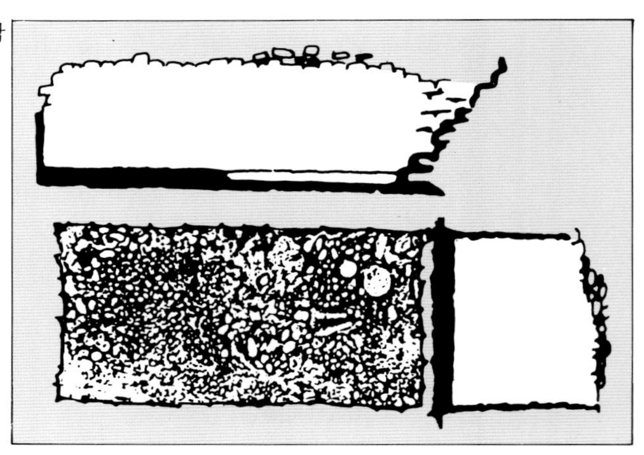

의성 탑리 고분군 제1묘곽
평면도와 단면도

의성 탑리 고분 제1묘곽은 평면이 장방형이고 네 벽은 회색 사암 78쪽 그림
질의 포갠 돌로 쌓아 구축하였고 동, 서의 긴 벽과 북쪽 짧은 벽은
수직이나 남쪽 짧은 벽은 외경하여 밖에서 쌓아 막았음을 알 수
있다.

대구 비산동 제34호 제1석실은 네 벽을 포갠 돌로 쌓아서 구축하 80쪽 그림
고 천장에는 거대한 판석 5장을 덮었다. 네 벽 가운데 세 벽은 위로
올라가면서 안쪽으로 기울어졌으나 서남쪽 짧은 벽만은 천장돌의
안쪽 면에서 1.20미터 정도 아래는 수직이고 그 아래는 안쪽으로
기울어져 밖에서 쌓아 막은 것으로 볼 수 있다.

대구 내당동 제55호분의 석실은 서쪽 짧은 벽은 강돌로 2단 쌓고
그 위에 판석 1장을 세워서 막았으며 대구 비산동 제37호분 제1석
실 세 벽은 판석을 세워서 구축하였으나 서남쪽 짧은 벽은 강돌을
3단 쌓고 그 위에 큰 판석을 세웠으며 다시 그 위에 큰 판석을 세웠
다. 이 고분의 제2석실은 한 쪽 짧은 벽은 판석을 세워서 막고 판석
의 상부와 천장부와의 짬에 포갠 돌, 강돌 등을 끼워 채웠으며 그
윗면에 진흙을 발랐다.

성주 성산동(星山洞) 제1호분의 석실은 평면이 장방형이고 네
벽은 포갠 돌을 쌓아서 구축하였는데 남북의 긴 벽과 서쪽 짧은
벽은 수직으로 쌓고 동쪽 짧은 벽만은 밖에서 쌓아 막았으므로 석실
안쪽 벽면은 고르지 못하다. 천장에는 큰 판석 4장을 덮고 바닥에는
포갠 돌을 2, 3겹 깔았다.

이 밖에 성주 성산동 제2호분은 하나의 분구 아래에 3개의 석실
이 있는데 주석실(主石室)은 분구 중앙 아래에 있고 부속의 제1,
2소석실은 주석실의 동쪽에 간격을 두고 축조하였다. 그리고 양산
부부총(梁山夫婦塚)은 평면이 장방형이고 네 벽은 막돌로 불규칙하
게 쌓아올려 구축하였다. 남, 북의 긴 벽은 위로 올라가면서 안쪽으
로 기울어졌는데 동쪽 짧은 벽은 수직이나 서쪽 짧은 벽은 약간

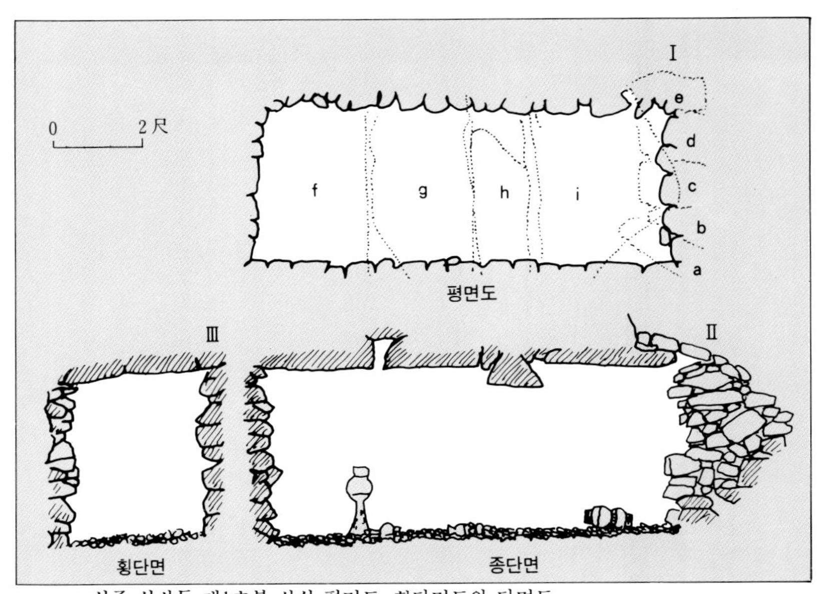

성주 성산동 제1호분 석실 평면도, 횡단면도와 단면도

양산 부부총 석실 단면도와 평면도

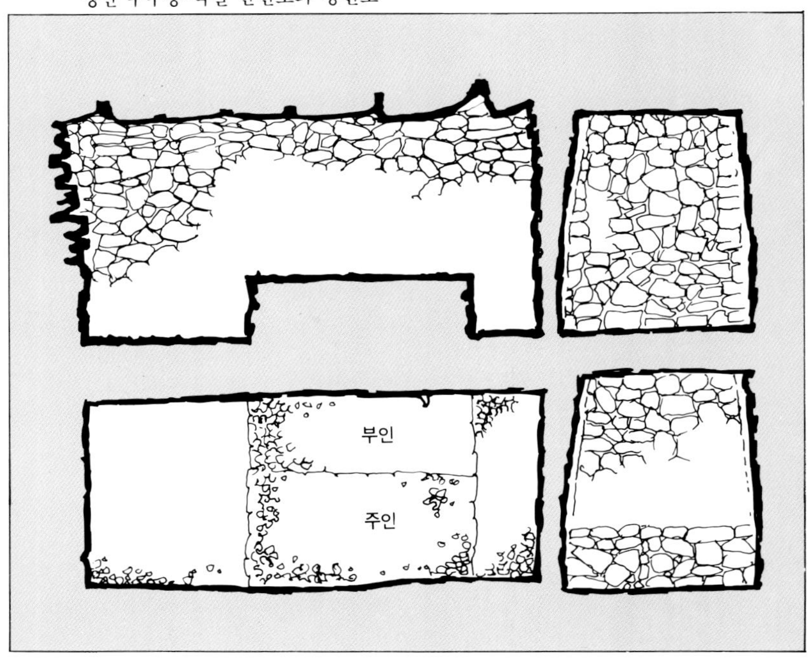

외경하였으며 천장에는 거석 7개로 덮었다. 그리고 바닥에는 동쪽 짧은 벽(뒷벽)에 근접하여 시상대를 마련하였다.

횡혈식 석실은 수혈계 횡구식 석실과 대체로 동일한 구조이나 석실을 막은 한 쪽 짧은 벽에 연도가 달려 있는 점이 다르다. 고령 고아동 벽화 고분의 석실은 연도와 현실로 이루어졌고 현실의 평면은 장방형이고 네 벽은 포갠 돌을 쌓아서 구축하였는데 남, 북의 짧은 벽은 수직이나 동, 서의 긴 벽은 위로 올라가면서 안쪽으로 기울어졌고 그 위에 커다란 막돌 4개를 올려 놓고서 단면 아치형 천장을 구성하였다. 현실 바닥에는 둘레에 배수구 시설이 마련되었고 현실의 장축 방향에 따라 동, 서 2개의 관대가 있다. 연도는 포갠 돌로 좌우 측벽을 쌓고 그 위에 길고 큰 돌 7장을 덮어 천장부를 구성하였다.

고령 지산동 절상천장총(折上天障塚)의 석실은 연도와 현실로 이루어졌고 현실의 평면은 직사각형이며 연도는 동남벽의 동쪽에 치우쳐 있다. 현실의 네 벽은 포갠 돌을 쌓아서 합장형 천장을 구성하고 뒷벽은 위로 올라가면서 안쪽으로 기울어졌다. 자갈을 깐 현실 바닥에는 서남벽에 접하여 포갠 돌을 쌓아 구축한 시상대가 있고 연도는 현실 측벽과 동일하게 좌우 측벽은 위로 올라가면서 안쪽으

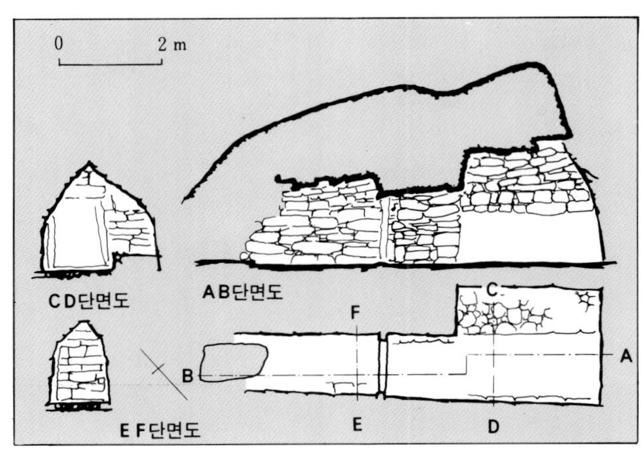

고령 지산동 절상 천장총
평면도와 단면도

로 기울게 하여 합장형 천장을 구성하였으며 연도 중앙부에 마련한 연문에 의하여 2구(區)로 나누어졌다. 김해 삼산리(三山里) 제1호분의 석실은 연도와 현실로 이루어졌고 현실의 평면은 직사각형이며 연도는 남벽의 서쪽에 치우쳐 달려 있다. 현실의 네 벽은 약간 큰 포갠 돌로 위로 올라가면서 안쪽으로 기울게 쌓아 천장부를 좁히고 네 벽 위에 판석 3장을 올려 놓고서 천장부를 구성하였다. 현실 바닥에는 북벽에서 동벽에 걸쳐 벽면에 접하여 ㄱ자형의 시상대를 마련하였고 남벽 서쪽에 치우치게 달린 짧은 연도와 현실 사이의 천장부에는 이맛돌을 놓았다.

진주 수정봉(水晶峰) 제1호분의 석실은 연도와 현실로 이루어졌고 현실의 평면은 장방형이며 연도는 남벽 중앙에 달렸다. 현실의 네 벽은 포갠 돌을 쌓아서 구축하였는데 위로 올라가면서 안쪽으로 기울게 하여 천장부를 좁히고 네 벽 위에 천장돌 5장을 올려 천장을 구성하였다. 연도는 포갠 돌을 쌓아서 구축하였는데 좌우 측벽은 위로 올라가면서 안쪽으로 기울게 하고 연도와 현실 사이의 천장부에는 이맛돌을 놓았다.

구조 형식이 다른 고분

위에서 살펴본 고분과 구조 형식이 다른 고분에는 토광묘, 목곽묘, 석곽묘, 옹관묘, 적석 석곽분, 적석 목관분 등이 있다.

토광묘는 김해, 창원, 합천 등 지역을 비롯하여 가야 영역 안에 넓게 분포하고 있다. 합천 저포리 고분군 B지구 제26호 토광묘는 구릉의 푸석돌이 섞인 적갈색 흙을 파서 장방형의 묘광을 만들고 시체를 안치한 직장 토광묘로서 시신의 머리 부분과 발 부분에 토기를, 주위에 쇠손칼, 화살촉 등을 부장하였으며 묘광의 길이 2.53미터, 너비 96센티미터, 현재의 깊이 35센티미터 정도이다.

목곽묘는 일반적으로 토광 안에 목곽 시설이 마련되고 그 안에

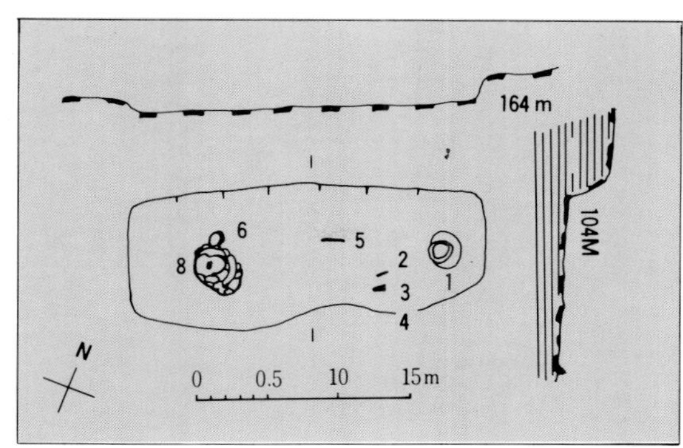

합천 저포리 고분군 B지구 제26호분
토광묘 유구 실측도

목관을 안치한 구조 형식의 분묘이다. 한 예를 들면 합천 옥전동
(玉田洞) 고분군 제31호 목곽묘는 평면 장방형의 묘광 안에 목곽을
설치하고 시체를 안치하였는데 목곽의 상태는 알려지지 않았다.
묘광의 길이는 3.11미터, 너비 1.10미터, 현재 깊이 0.25미터이며
목곽의 길이는 2.45미터, 너비 0.65미터이다. 부장품으로서는 토
기, 환두대도(環頭大刀), 금귀걸이 등이 있다.

석곽묘는 네 벽을 강돌, 포갠 돌, 막돌 등으로 3, 4단을 쌓고 시체
1구를 안치할 정도 크기의 분묘를 말하는데 뚜껑돌이 있는 것, 나무
뚜껑인 것 등이 있다.

김해 예안리(金海禮安里)에 군집하고 있는 것들은 석곽의 평면이
장방형 또는 방형이고 네 벽은 사람머리 크기의 막돌로 4 내지 6
단을 불규칙하게 쌓아서 구축하였는데 네 벽을 쌓은 방법은 저부에
는 큰 돌을 사용하고 상부에는 작은 돌을 놓으며 뚜껑돌을 덮는
경우도 있으나 나무 뚜껑인 것도 있다. 바닥에는 판석을 깔기도
하고 모래층을 그대로 이용하기도 한다. 김해 예안리 고분군 제23
호 석곽묘는 수혈식 장방형 석곽으로서 좌우의 긴 벽은 2, 3단,
앞뒤의 짧은 벽은 2단을 막돌로 쌓았고 큰 막돌 6개를 네 벽 위에
나란히 얹고 3개의 막돌로 보강하였으므로 뚜껑돌은 9개가 된다.

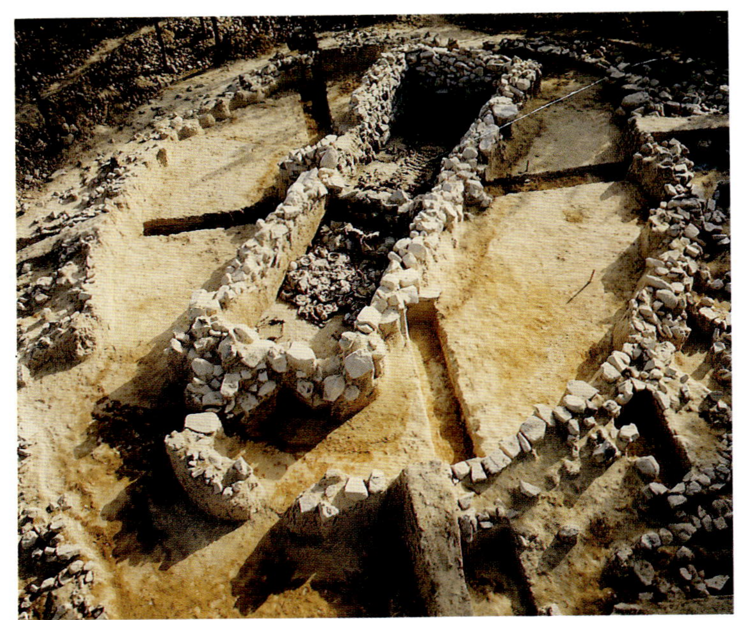

합천 성산 옥전 M$_3$호분 내부 구조

양산 북정동 고분 수혈식 석곽

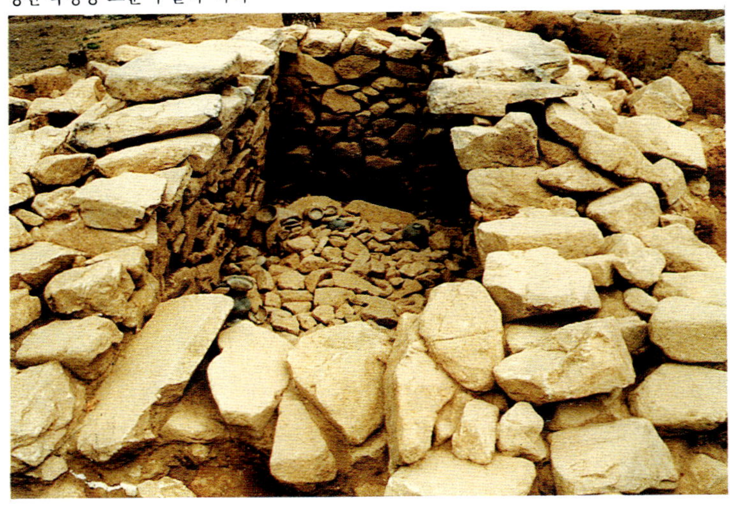

옹관묘는 안동, 대구, 김해, 합천 등 지역에 넓게 분포하고 있다. 안동 조탑동 옹관묘, 대구 복현동 옹관묘 등은 합구식 옹관이나 김해 예안리 옹관묘는 합구식 옹관과 뚜껑이 있는 단관식 옹관이 섞여 있다. 합천 저포리 고분군 A지구의 제39호 옹관묘는 타원형 토광 안에 커다란 바리형 토기를 뚜껑으로 한 큰 독을 수평으로 눕혀 놓은 뚜껑 있는 단관식 옹관이다.

적석 석곽분으로서는 칠곡 구암동(漆谷鳩岩洞) 고분이 알려져 있는데 이 고분은 하나의 분구 아래에 2개의 적석 석곽이 있는 다곽식 고분으로서 주분(主墳)은 구릉의 완만한 비탈에 영조되었고 북분은 주분의 적석 분구 북쪽 끝에 접하여 축조되었다. 주분의 적석 분구 안의 가운데에는 주, 부 2개의 석곽이 평행으로 나란히 놓여 있고 주곽의 평면은 장방형이며 네 벽은 포갠 돌을 쌓아 구축하였는데 좌우의 긴 벽은 위로 올라가면서 안쪽으로 기울게 쌓고 그 위에 거대한 판석 4장을 덮고서 천장부를 구성하였으며 바닥에는 돌을 깔았다. 특히 동벽에 감(龕)을 마련한 것이 주목된다. 부곽도 평면은 장방형이고 네 벽의 구조는 주곽과 동일하나 천장부에는 판석 9장을 덮었고 바닥에는 돌을 깔았다. 북분은 적석 분구 안의 약간 북쪽에 치우쳐 있고 주, 부 2개의 석곽이 평행으로 나란히 놓여 있으며 주곽의 평면은 장방형이고 네 벽의 구조는 주분의 석곽과 동일하며 천장부에는 판석 7장을 덮었다. 부곽도 평면은 장방형이고 네 벽의 구조는 주곽과 대체로 동일하나 천장부에 덮은 판석 수는 명확하지 않다.

적석 목곽분으로서는 창녕 교동 제12호분, 부산 복천동 제2, 3호분 등이 알려져 있는데 그 구조 형식은 신라의 것과 동일하다. 곧 지표에 장방형 토광을 파고 바닥에 자갈, 강돌 등을 깔고서 목곽을 짜고 목관을 안치한 다음에 목곽 뚜껑을 덮고 곽의 주위에 돌을 쌓아 적석총과 흡사하게 한 다음에 흙을 덮어 분구를 축성하였다.

86쪽 그림

저포리 고분군 A
 지구 제39호분
 옹관묘

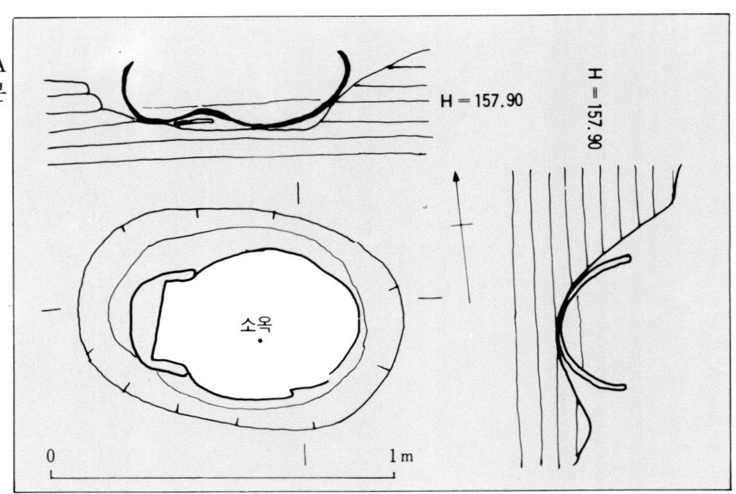

칠곡 구암동 제56
 호분 분구 남북
 단면도(오른쪽
 위)
칠곡 구암동 제56
 호분 적석 석곽
 평면도(오른쪽
 아래)

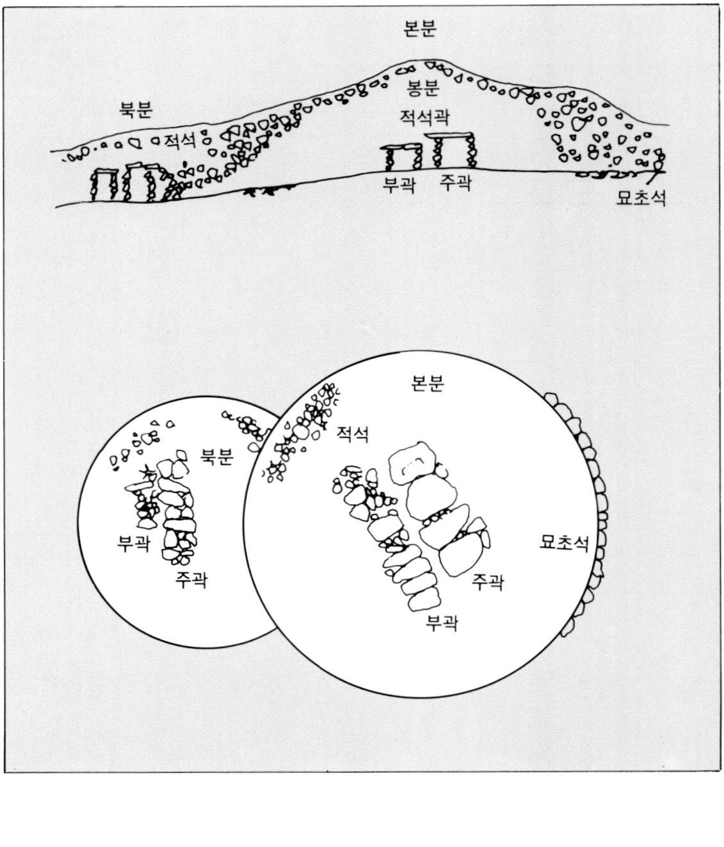

벽화 고분

한국의 벽화 고분은 발달한 건축 기술과 우수한 회화 기법을 토대로 하여 축조되었고 한국 민족이 간직한 영혼 불멸의 내세관과 관련되어 있다. 이러한 성격을 지닌 벽화 고분은 다양하고 풍부한 묘실 구조와 다채로운 벽화 내용을 통하여 당시의 문화와 풍습, 과학적 기술의 발전 등을 연구하는 데 있어 귀중한 자료를 제공한다.

한편 한국의 벽화 고분을 정확하게 파악하려면 벽화 고분의 분포 상태, 구조 및 변천 과정, 벽화의 내용 및 회화 기법, 벽화 고분의 발생 및 편년 등 여러 가지 측면에서 종합적으로 고찰하여야 한다. 그러나 여기에서는 지극히 객관적으로 논술할 수밖에 없음을 유감으로 여긴다.

분포 상태

고구려

고구려의 벽화 고분은 그의 옛 도읍지를 중심으로 주변에 널리

분포하고 있는데 고구려 중기의 수도였던 오늘의 중국 길림성 집안
현 통구 지방을 비롯한 압록강 북안 유역에 19기, 평양을 중심으로
한 대동강 유역에 30기 정도가 분포하고 있다. 이 밖에 황해도 안악
주변에도 5기의 벽화 고분이 발견되었다.

백제

백제의 벽화 고분은 2기가 알려져 있는데 그 하나는 백제 중기의
수도였던 공주 송산리 제6호분이고 다른 하나는 백제 후기의 수도
였던 부여의 능산리 벽화 고분이다.

신라

신라의 벽화 고분도 백제와 같이 2기가 알려져 있는데 신라의
수도였던 경주에서 멀리 떨어진 신라 영역의 동북 지역에 위치하고
있다.

곧 그 하나는 경북 영풍군 순흥면 태장 2리(慶北榮豐郡順興面台庄
二里)에 있는 어숙묘(於宿墓)이고 다른 하나는 영풍군 순흥 읍내리
(邑內里)에 있는 순흥 읍내리 벽화 고분이다. 이 밖에 주, 군청, 흑,
백, 황의 다섯 색으로 현실 북벽과 동, 서 두 벽면 일부에 병풍을
둘러 세운 것처럼 채색한 전 신덕왕릉(傳神德王陵)이 일찍이 알려졌
으나 엄밀한 의미에서 벽화 고분이라고 할 수 없다.

가야

가야의 벽화 고분은 1기밖에 알려지지 않았는데 대가야의 근거지
였던 고령읍(高靈邑)의 고아 2동에 있는 고령 고아동 벽화 고분이
그것이다.

고구려 벽화 고분 분포도(옆면 위, 아래)

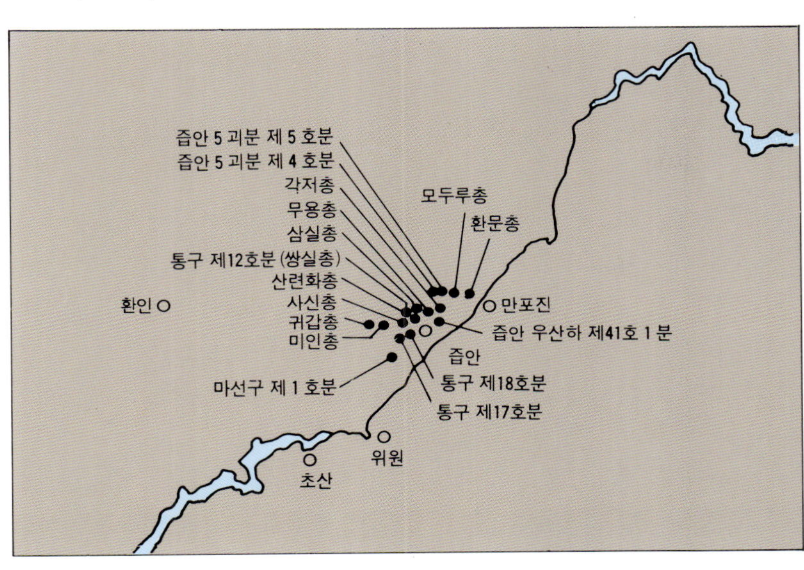

즙안 5 괴분 제 5 호분
즙안 5 괴분 제 4 호분
각저총
무용총
삼실총
통구 제12호분 (쌍실총)
산련화총
사신총
귀갑총
미인총
환인
모두루총
환문총
만포진
즙안 우산하 제41호 1 분
즙안
통구 제18호분
통구 제17호분
마선구 제 1 호분
위원
초산

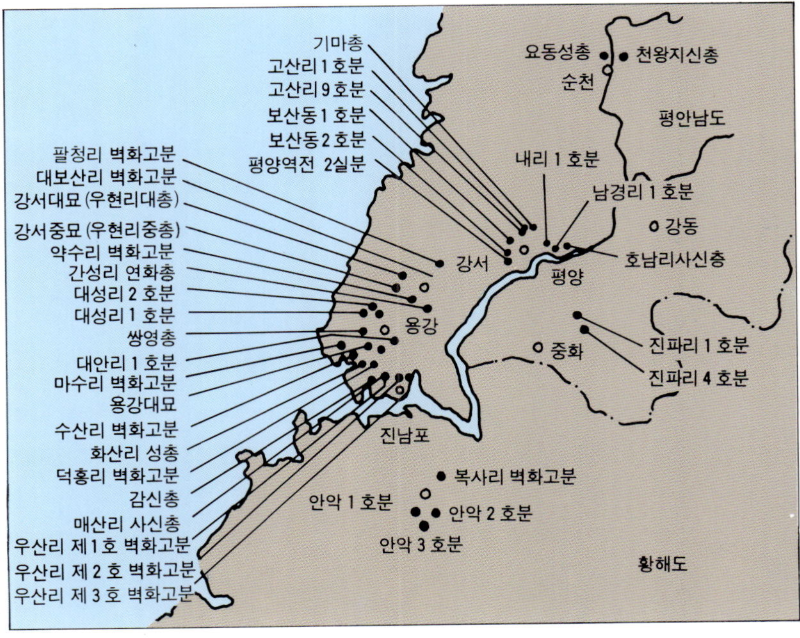

기마총
고산리1호분
고산리9호분
보산동1호분
보산동2호분
평양역전 2실분
요동성총
순천
천왕지신총
평안남도
내리 1 호분
남경리 1 호분
강동
호남리사신총
팔청리 벽화고분
대보산리 벽화고분
강서대묘 (우현리대총)
강서중묘 (우현리중총)
약수리 벽화고분
간성리 연화총
대성리 2 호분
대성리 1 호분
쌍영총
대안리 1 호분
마수리 벽화고분
용강대묘
수산리 벽화고분
화산리 성총
덕흥리 벽화고분
감신총
매산리 사신총
우산리 제 1 호 벽화고분
우산리 제 2 호 벽화고분
우산리 제 3 호 벽화고분
강서
용강
평양
중화
진파리 1 호분
진파리 4 호분
진남포
복사리 벽화고분
안악 1 호분
안악 2 호분
안악 3 호분
황해도

구조 형식

고구려의 벽화 고분

분구 분구의 축성은 일반적으로 흙을 덮고 그 위에 잔디를 입히지만 견고하게 축성한 고분의 경우에는 묘실의 외부에 먼저 막돌을 쌓고 그 뒤에 진흙을 덮고 다시 숯 또는 석회를 깐 다음 마지막으로 흙을 덮고서 잔디를 입혔다. 그리고 일부 고분에는 분구 밑둘레에 돌로 2, 3단의 기단을 쌓은 것도 있다. 분구의 외형은 거의 모두가 방대형이나 원형(三室塚)도 있고 또 돌로 계단식으로 쌓은 적석 분구(禹山下1080號墳)도 있다.

내부 구조 내부 주체인 묘실의 축조에 있어 묘실 규모의 크기를 막론하고 돌로 축조하는데 납작한 막돌로 쌓은 것, 거친 막돌로 쌓은 것, 곱게 다듬은 돌로 규모 있게 축조한 것, 판석으로 짜 올린 것 등이 있으며 부분적으로 돌과 함께 벽돌을 섞어서 축조한 것(平壤驛前二室墳)도 있다. 벽면 처리는 치석한 돌로 쌓든가(通溝四神塚) 또는 곱게 물갈음한 판석으로 벽면을 축조(江西中墓, 江西大墓, 通溝第4, 5號墳 등)한 경우를 제외하고는 모두 묘실 내부를 회칠하였으며 묘실의 벽면은 수직으로 곧게 올라가기도 하였고 곡면을 이루기도 하였다. 이 두 형식은 어느 정도 축조 재료의 제약을 받았으나 대체로 천장 가구와 유기적인 연관 관계를 맺고 있다. 곧 묘실을 판석 또는 큰 막돌로 축조한 경우에는 천장 가구 여하를 막론하고 벽면은 수직으로 되지만 반대로 작은 막돌로 쌓은 경우에는 천장 가구의 형식 여하에 따라 벽면은 수직 또는 곡면을 이루게 되며 그것은 묘실의 위치(지하, 반지하 등)에도 일정한 영향을 주었다.

묘실의 천장 가구는 매우 다양하며 고구려 벽화 고분의 특성을 나타내는 중요한 요소이기도하다. 궁륭 천장은 천장부의 내면이 고르게 둥근 선을 이루면서 안으로 좁혀 올라간 것이고(伏獅里壁畫

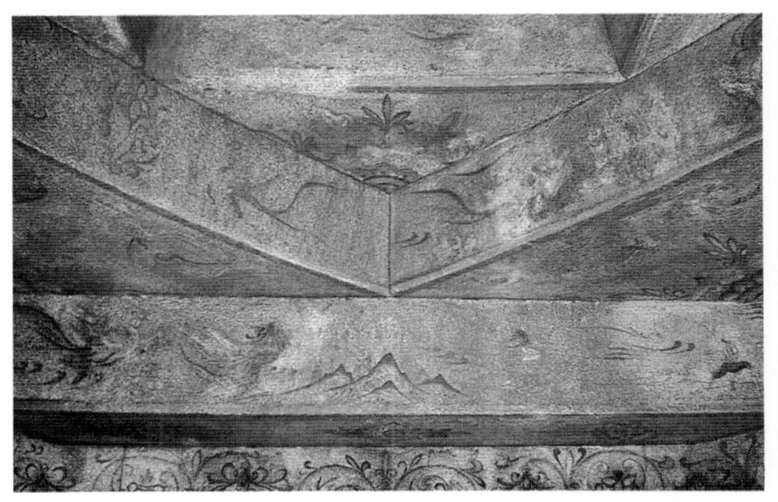

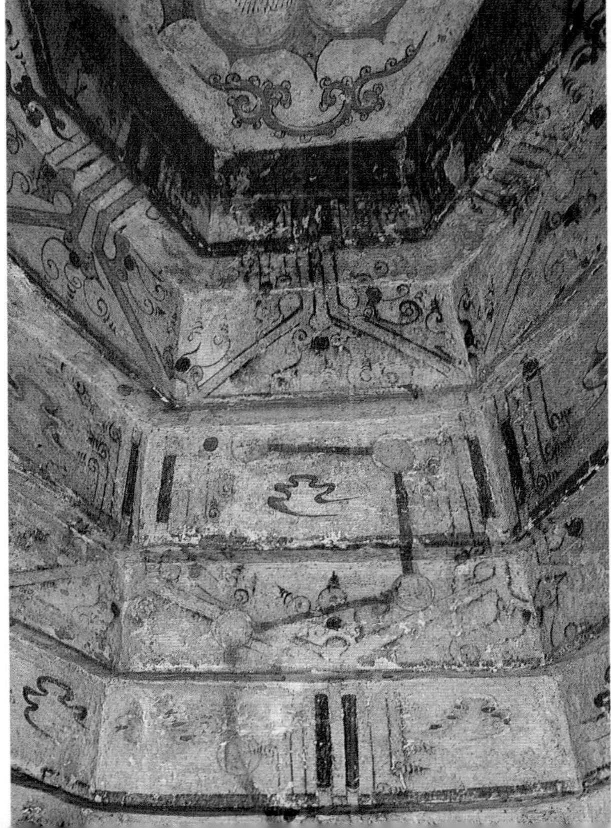

강서 대묘 천장 벽화(위)
덕화리 제1호분 북쪽 천장
  벽화(왼쪽)

古墳) 꺾음 천장은 궁륭 천장과 그 모양이 유사하나 축조 방법이 다르다. 꺾음 천장에서는 궁륭 천장과 달리 천장을 점차 안쪽으로 꺾어서 올렸다(環文塚). 평행 고임 천장은 묘실의 네 벽 위 끝에서부터 계단식으로 돌을 쌓아올리면서 천장을 안쪽으로 좁히고 그 위에 뚜껑돌을 덮은 것인데 평행 고임은 2, 3단으로 된 것이 보통이다(江西中墓). 평행 3각 고임 천장은 천장을 좁히되 우선 평행 고임을 얹고 그 위에 다시 2, 3단의 3각 고임을 얹고서 맨 위에 뚜껑돌을 덮은 것으로서 평행 고임과 3각 고임을 배합한 천장 가구 형식이다(통구 사신총, 쌍영총, 호남리 사신총, 강서 대묘 등). 8각 고임 천장은 천장을 평행 고임과 유사한 방법으로 계단식으로 고이면서 좁혔으나 평행 고임의 4각형과는 달리 8각형으로 좁혀 올린 것으로서 5단 이상으로 올린 것이 보통이므로 천장은 매우 높고 가구 형식도 매우 복잡하다. 그리고 이 8각 고임 천장의 형태에는 8각으로 된 것, 8각과 원 또는 4각을 배합한 것 등이 있다(무용총, 각저총, 천왕지신총, 대안리 제1호분 등). 궁륭 3각 고임 천장은 궁륭식과 3각 고임식의 두 가지 천장 가구 형식을 배합한 것이다. 따라서 천장이 궁륭부와 3각 고임부로 되어 있다(감신총, 산련화총, 약수리 벽화 고분 등). 궁륭 평행 3각 고임 천장은 천장이 궁륭부와 평행 3각 고임부로 되어 있다(귀갑총, 성총, 매산리 사신총 등).

　한편 묘실의 수에 의하여 고구려의 벽화 고분은 단실분, 이실분,

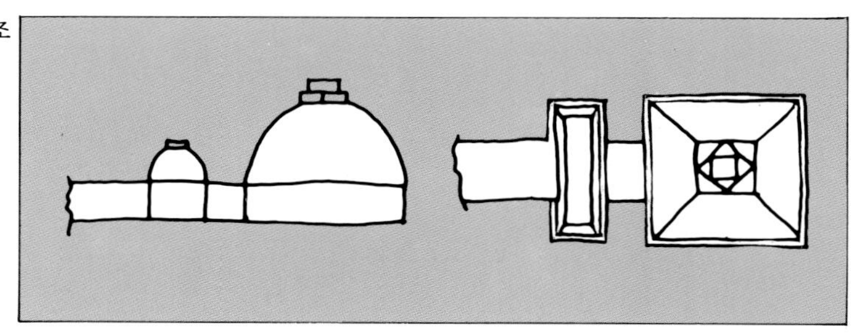

산련화총의 구조

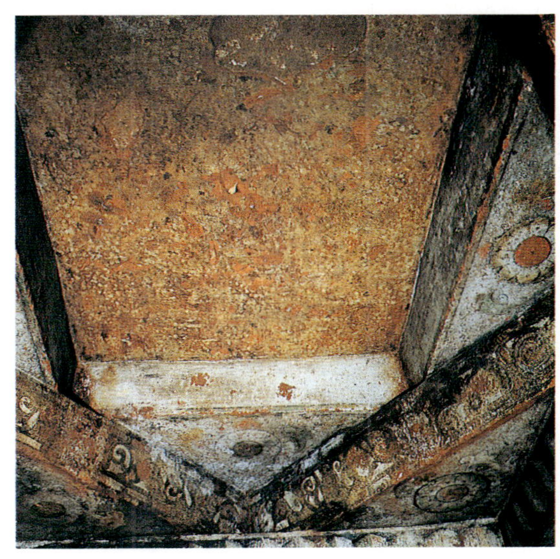

진파리 제4호분 천장 성수도

측실 또는 감(龕)이 있는 유측실분(有側實墳), 유감분(有龕墳) 등으로 나누기도 한다. 단실분은 묘실이 연도와 현실로 이루어진 것이다. 이러한 단실분은 묘실이 1개라는 점에서는 모두 같지만 분구, 묘실의 방향 및 위치, 천장 가구, 연도의 위치 등은 각기 다르다. 단실분의 분구는 거의 모두가 방대형이나 돌기단은 호남리 사신총에만 있으며 연도의 위치도 중앙 또는 한쪽으로 치우쳐 있다. 대표적인 단실분에는 환문총, 귀갑총, 성총, 매산리 사신총, 호남리 사신총, 강서 중묘, 강서 대묘, 내리 제1호분, 진파리 제1, 4호분, 통구 제4, 5, 18호분, 안악 제1호분 등이 있다.

이실분은 연도, 전실, 통로, 현실로 이루어진 고분이다. 대표적인 이실분에는 쌍영총, 팔청리 벽화 고분, 대안리 제1호분, 가장리 벽화 고분, 천왕지신총, 각저총, 무용총, 산련화총 등이 있다. 특히 이실분에는 모두루(牟頭婁)의 묘지(墓誌)를 기록한 모두루총이 있다. 그리고 연도, 현실, 통로, 현실, 통로, 현실 등 3개의 현실이 있는 유일한 삼실총(三室塚)은 이실분의 유형에도 속할 수 있다.

94쪽 그림

쌍영총의 구조 이실분으로서 연도, 전실, 통로, 현실로 이루어진 고분이다.

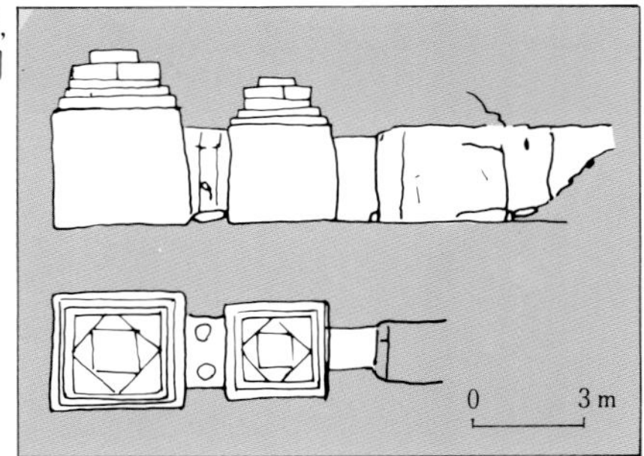

모두루총의 구조 '모두루(牟頭婁)'의 묘지를 기록한 명문이 있는 이실분이다.

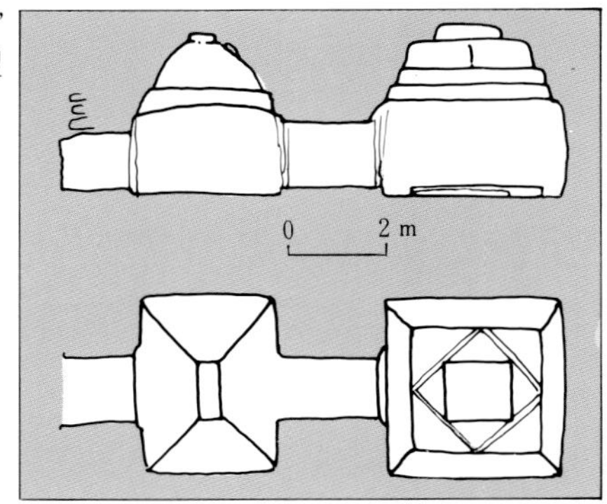

삼실총의 구조 연도, 현실, 통로, 현실, 통로, 현실 등 3개의 현실이 있는 유일한 구조 형식의 고분이다.

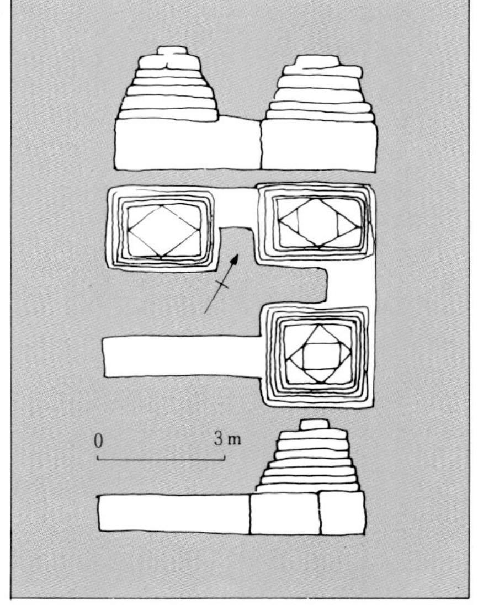

측실분에 있어 측실은 그 모두가 전실에 있으며 묘실 구성은 유감분과 기본적으로 일치한다. 대표적인 측실분에는 대성리 제1호분, 요동성총, 안악 제3호분 등이 있다. 유감분은 묘실의 수, 감의 수와 위치 등에서 그 구조 형식이 다양하다. 묘실이 1개이면서 감이 있는 벽화 고분의 대표적인 예에는 안악 제2호분, 대성리 제2호분, 복사리 벽화 고분 등이 있고 묘실이 2개 이상 있는 고분으로서 감이 있는 예에는 감신총, 약수리 벽화 고분, 연화총, 용강 대묘, 평양역전 이실분, 고산리 제9호분 등이 있다. 그리고 감이 1개 있는 안악 제2호분, 감이 2개 있는 복사리 벽화 고분, 대성리 제2호분, 약수리 벽화 고분, 감신총, 고산리 제9호분, 평양역전 이실분 등과 감이 4개 있는 연화총 등이 있다. 이러한 유감분에서 묘실과 감이 각각 2개 이상이 있는 고분이 다수를 차지한다.

이 밖에 적석총이면서 묘실 안 벽면에 벽화가 그려져 있는 우산하 1080호묘의 묘실은 평면이 장방형이고 네 벽은 거대하고 편평한 판석을 세워서 구축하였으며 천장은 편평한 판석 1장을 덮은 평천장이다. 이렇게 단순한 천장 가구는 고구려 벽화 고분에서는 처음 보는 것이고 초기의 봉토분이나 규모가 작은 고분에서 흔히 보게 된다. 그리고 연도는 현실 서벽에 달려 있는데 현실 바닥보다 약 70센티미터 높은 위치에 있다. 현실의 크기는 동서 3.15미터, 남북 2.0미터, 높이 2.32미터이다.

백제의 벽화 고분

백제의 벽화 고분 2기 가운데에서 공주 송산리 제6호분은 원형의 분구에 연도(길이 1미터, 너비 1미터, 높이 1.65미터)와 장방형 현실(길이 3.96미터, 너비 2.36미터, 높이 3.30미터)로 이루어진 전축 단실분이다. 그리고 남벽 중앙에 연도가 달리고 연도 바닥 밑에는 전축 배수구(길이 약 20미터) 시설이 마련되어 있다. 현실의 네 벽과 천장은 옆면에 사교선(斜交線)과 전문(錢文)을 새긴 장방형 문양전(길이 32미터, 너비 14미터, 두께 5미터)으로 쌓았는데 남북의 짧은 벽은 수직으로, 동서의 긴 벽은 위로 올라가면서 안쪽으로 기울어 단면 아치형 천장을 구성하였다. 한편 현실의 동, 서 두 벽에는 각각 3개, 북벽의 가운데에는 1개의 보주형 소감(寶珠形小龕)이 있으며 현실 바닥에는 동벽에 치우쳐 전축 관대가 있다.

부여 능산리 벽화 고분은 분구 밑둘레에 호석이 돌려 있는 원형의 분구(지름 약 27미터)에 앞부분이 넓은 연도(길이 약 3.35미터, 너비는 앞부분에서 1.72미터, 높이 1.95미터)와 장방형 현실(길이 3.27미터, 너비 1.53미터, 높이 1.95미터)로 이루어진 단실분이다. 현실의 네 벽과 천장은 화강암(천장과 서벽)과 편마암(동벽과 북벽)의 거대한 판석 1장으로 축조하였으며 현실의 단면은 직방체를 이루고 있다.

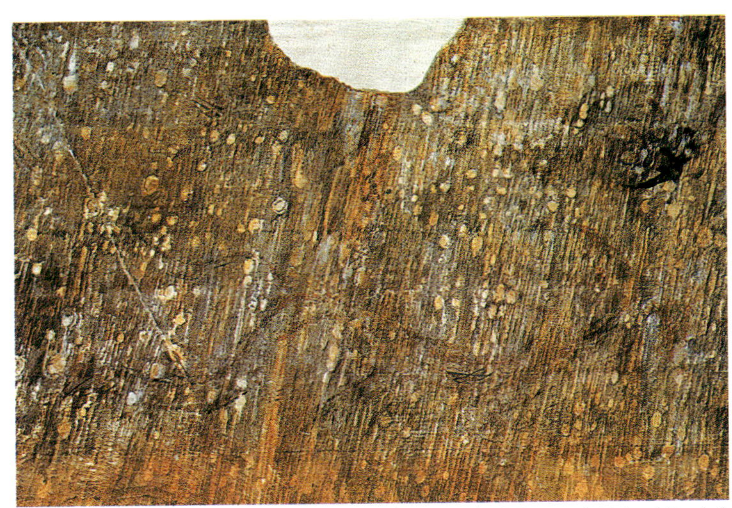

부여 능산리 벽화 고분 동벽 청룡도 고개를 쳐들고 눈을 부릅뜨고서 붉은 혀를 길게 내민 청룡은 앞으로 달려나가려는 자세를 취하고 있다.

신라의 벽화 고분

　신라의 벽화 고분 2기 가운데에서 어숙묘는 원형의 분구(밑둘레의 지름 약 20미터)에 연도(길이 2.80미터, 너비 1.10미터, 높이 1.29미터)와 장방형 현실(길이 3.10미터, 너비 2.60미터, 높이 3.10미터)로 이루어진 단실분이다. 현실의 네 벽은 다듬은 길고 큰 돌을 쌓아 구축하였는데 위로 올라가면서 안쪽으로 기울어졌으며 그 위에 큰 판석 2장을 올려 놓고 꺾음 천장을 구성하였다. 현실 바닥에는 2장의 판석으로 만든 관대가 놓여 있고 현문에는 1장으로 된 돌문 시설이 마련되어 있으며 현실의 네 벽과 천장의 전면에 석회를 발랐다. 연도의 좌우 두 벽은 다듬은 돌로 쌓았고 그 위에 판석 1장을 올려 놓고 천장부를 구성하였다. 천장부의 구성이 고구려 벽화 고분인 환문총(環文塚)과 같이 꺾음 천장이다.

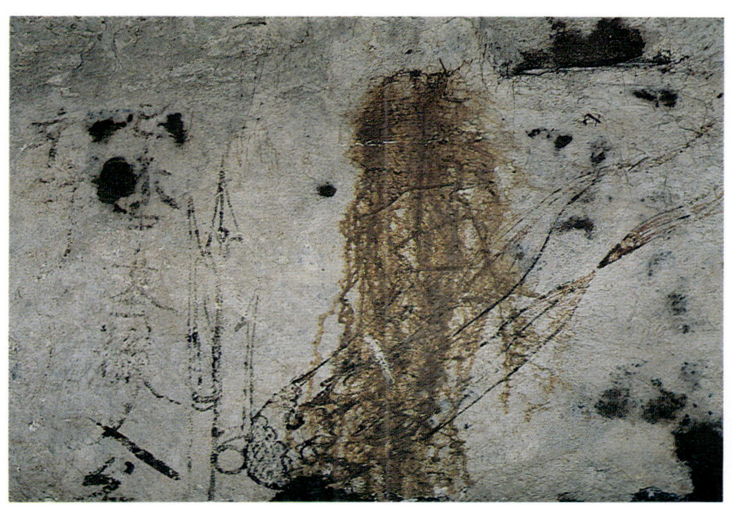

순흥 읍내리 벽화 고분 남벽 연도 상부

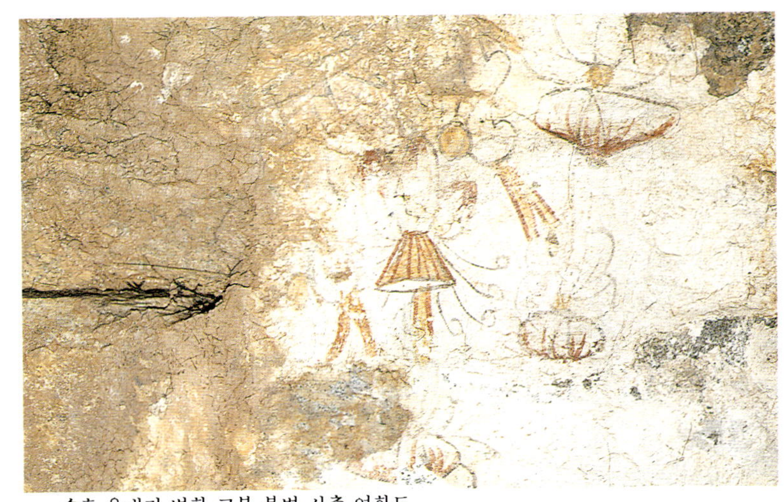

순흥 읍내리 벽화 고분 북벽 서측 연화도

　　순흥 읍내리 벽화 고분은 원형의 분구에 현실 남벽의 동쪽에 치우
쳐 달린 연도(길이 0.77미터, 너비 0.97미터, 높이 1.43미터)와 장방
형 현실(길이 3.53미터, 너비 2.02미터, 높이 2.05미터)로 이루어진
단실분이다. 현실의 네 벽은 거칠게 다듬은 네모난 돌을 쌓아 구축
하였는데 위로 올라가면서 안쪽으로 기울어졌고 그 위에 큰 판석
2장을 올려 놓고서 천장부를 구성하였다. 현실 바닥에는 막돌을
쌓아서 높고 넓은 관대를 마련하였다. 연도는 짧고 좌우 측벽은
거칠게 다듬은 네모난 돌을 수직으로 쌓아 구축하고 그 위에 큰
판석 1장을 올려 놓고서 천장부를 구성하였으며 연문에는 2장으로
된 돌문 시설이 마련되었다. 그리고 현실의 네 벽과 천장 및 관대의
윗면에는 석회를 발랐다. 이 벽화 고분의 구조 형식은 어숙묘와
거의 같다.

가야의 벽화 고분

99쪽 사진　　　가야의 벽화 고분으로서 유일한 고령 고아동 벽화 고분은 원형의

분구(밑둘레의 지름 동서 약 22미터, 남북 약 20미터, 높이 앞에서 7미터, 뒤에서 2.50미터)에 현실 남벽 동쪽에 치우쳐 달린 연도(길이 약 5.25미터, 너비 0.60미터, 높이 0.60미터)와 구형 현실(길이 3.70미터, 너비 2.5미터, 높이 3.10미터)로 이루어진 단실분이다. 현실의 네 벽은 포갠 돌을 쌓아서 축조하였는데 남북의 두 짧은 벽은 수직이고 동서의 두 긴 벽은 위로 올라가면서 점차 안쪽으로 기울어졌으며 그 위에 큰 막돌 4개를 올려 놓아 궁륭 천장을 구성하였다. 그리고 현실의 네 벽과 천장의 전면에 석회를 발랐으며 바닥에는 배수구(너비 27 내지 28센티미터, 깊이 22센티미터 정도) 시설이 마련되어 있고 동, 서쪽에 관대 2개가 놓여 있다. 연도의 좌우 두 벽은 포갠 돌을 쌓아 구축하고 그 위에 길고 큰 돌 7개를 놓아 천장부를 구성하였으며 전면에 석회를 발랐다.

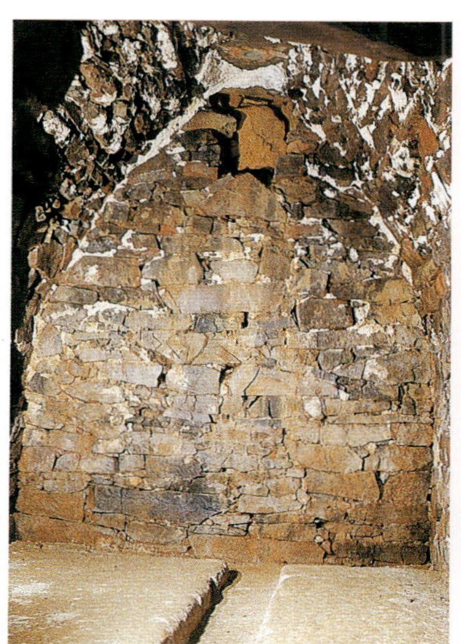

고령 고아동 벽화 고분 현실 북벽

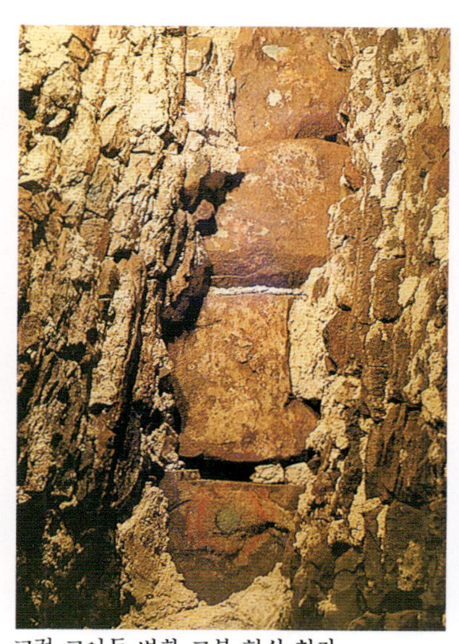

고령 고아동 벽화 고분 현실 천장

벽화 내용

고구려 벽화의 내용은 고분의 구조 형식과 같이 다양하고 풍부하다. 곧 인물화(人物畵), 풍속화(風俗畵), 동, 식물(動植物)과 산수화(山水畵), 신비화(神秘畵), 천체도(天體圖), 건축 의장(建築意匠), 장식 무늬(裝飾文樣) 등 다채로우나 벽화 내용의 주제에 따라 몇 개의 유형으로 나누어 놓으면 인물 풍속도(人物風俗圖), 인물 풍속도 및 사신도(四神圖), 장식 무늬, 장식 무늬 및 사신도, 사신도 등 다섯 유형으로 나눈다. 그러나 장식 무늬는 모든 벽화에 그려져 있으므로 부수적인 의미를 지니고 있어 다시 크게 나누어 놓으면 인물 풍속도, 인물 풍속도 및 사신도, 사신도 등 세 유형이 되겠다.

이와 같이 벽화의 주제에 따라 세 유형으로 나누어 놓은 벽화 내용을 보면 인물 풍속도는 고분 피장자인 주인공 생전의 실내 생활

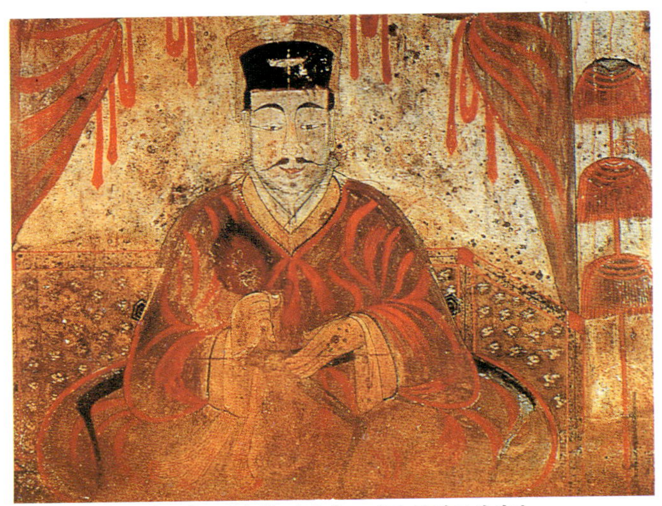

안악 제3호분 주인공상 서측실 서벽에 그려진 주인공상이다.

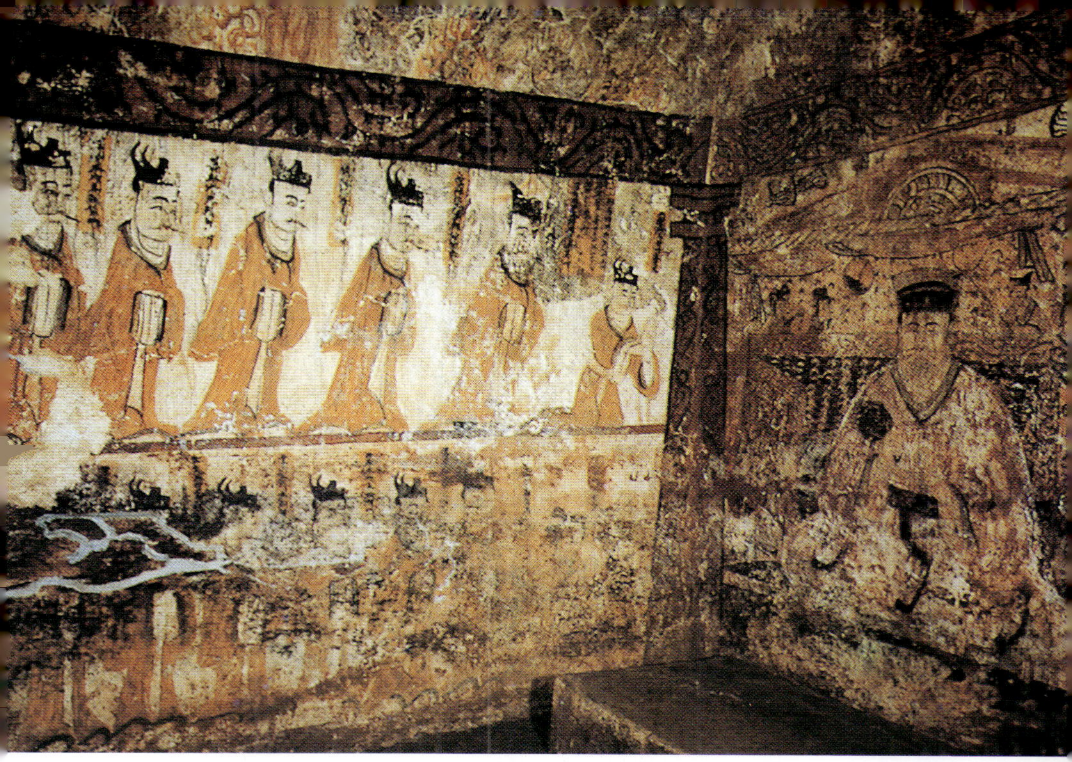

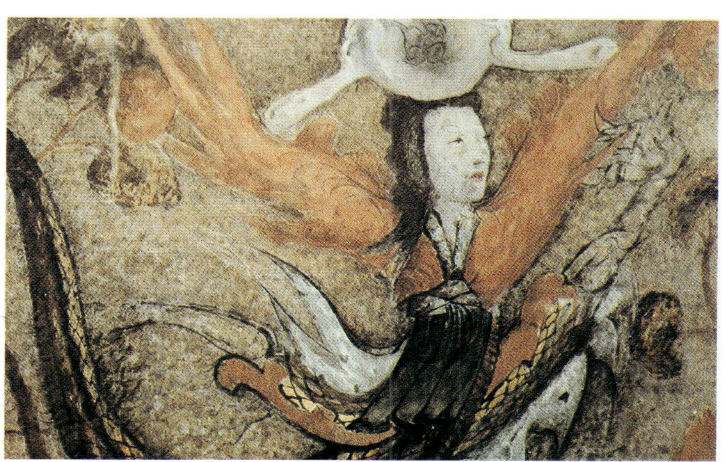

덕흥리 벽화 고분 13군 태수 하례도(위)
즙안 5괴분군 제4호분 천장부 달신도(아래)

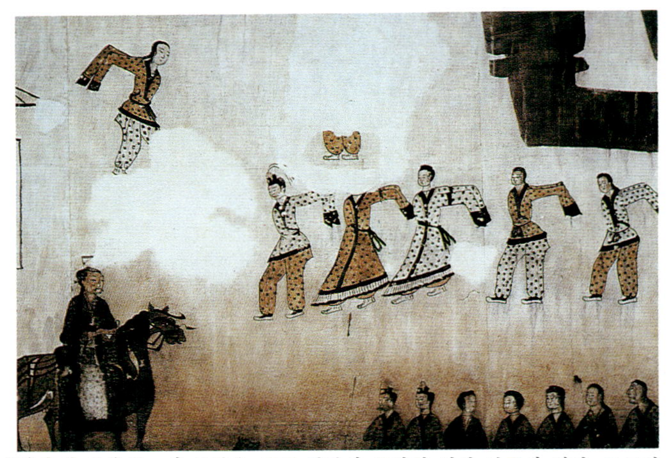

무용총의 무용도　이 고분은 중국 길림성 즙안현 여산 남록에 있다. 고구려 사람들의 복식, 가무 등 일상 생활의 단면을 알 수 있는 벽화로서 춤추고 노래하는 장면을 왼쪽 아래의 말탄 사람이 보고 있는 광경이다.

을 주로 그린 것인데 주인공 실내 생활도의 위치는 전실 왼쪽 벽 또는 현실 북쪽 벽이다.

또는 대부분의 벽화 고분에는 기둥, 두공, 도리, 창방 등 목조 건축의 부재를 그려서 묘실 내부를 목조 건물과 같이 보이게 하였고 각종 장식 무늬로 화려하게 장식하여 아담한 지상의 건물같이 보이게 하였다.

한편 각 벽면에는 주인공 생전의 생활도를 비롯하여 주인공의 위엄을 과시하는 위풍당당한 행렬도(行列圖)를 그렸다. 또한 힘차고 생동감이 넘치는 수렵도(狩獵圖) 및 무악도(舞樂圖), 씨름 그림(角抵圖), 전투도(戰斗圖), 문지기(守門將), 남녀 인물상(男女人物像) 등 실생활을 묘사한 그림과 장방(帳房), 성곽(城郭), 전각(殿閣), 주방, 방앗간, 푸줏간, 우물, 차고(車庫), 마굿간, 외양간 등 각종 건물을 그렸다. 그리고 천장에는 해, 달, 별, 구름 등을 그려 천공을 나타냈다.

103쪽 사진
106쪽 사진
107쪽 사진

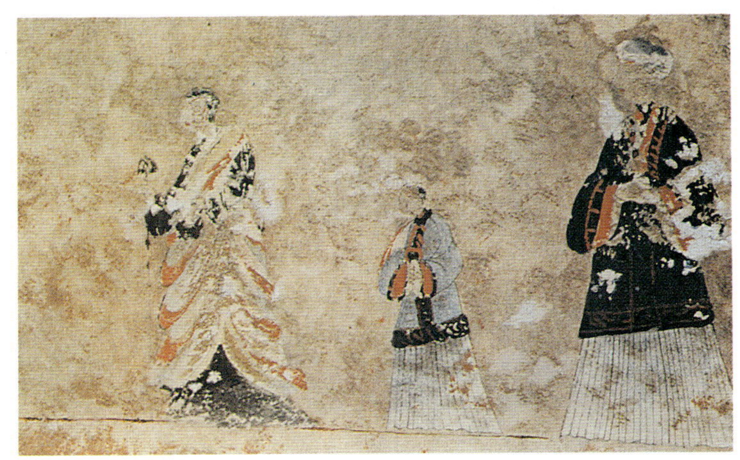

쌍영총 현실 동벽 공양도   세 인물상 가운데 앞에는 삭발하고 가사를 걸치고서 석장을
쥔 승려와 그 뒤를 소녀가 따르고 뒤에 키가 큰 주인공 부인이 따르고 있다. 절에
공양드리고자 가는 그림이다.(위)

안악 제3호분 대행렬도(아래)

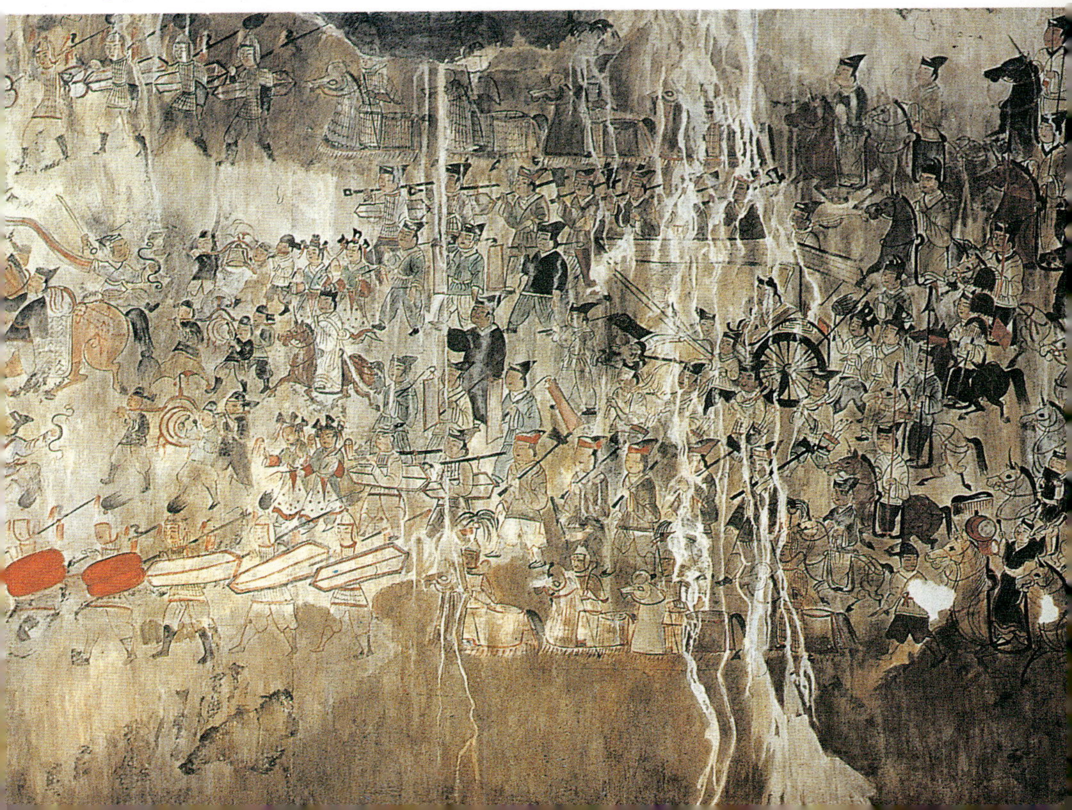

　　인물 풍속도 및 사신도를 주제로 한 벽화 내용은 인물 풍속도를 주제로 한 벽화 내용에 비하여 복잡하고 다채롭다. 벽화 내용에 있어서도 묘실 내부를 목조 건물같이 보이게 하기 위하여 네 벽면에 기둥, 두공, 도리, 창방 등을 그렸는데 쌍영총, 요동성총 등에는 8각 돌기둥을, 팔청리 벽화 고분에는 4각 돌기둥을 세웠을 뿐만 아니라 그림으로도 기둥, 두공을 그렸다.

　　각 벽면에는 주인공의 생활도를 비롯하여 행렬도, 수렵도, 무악도, 각저도(씨름 그림), 공양도, 직녀도(織女圖), 전투도, 수문장(문지기), 남녀 인물상 등과 장방, 성곽도, 전각도, 주방, 방앗간, 외양간, 마굿간 등 각종 건물을 그렸으며 동시에 사신도도 그렸다.

진파리 제1호분의 남벽 연도와 벽화
　(오른쪽)
쌍영총 묘실 통로의 반룡이 그려진
　8각 돌기둥(옆면)

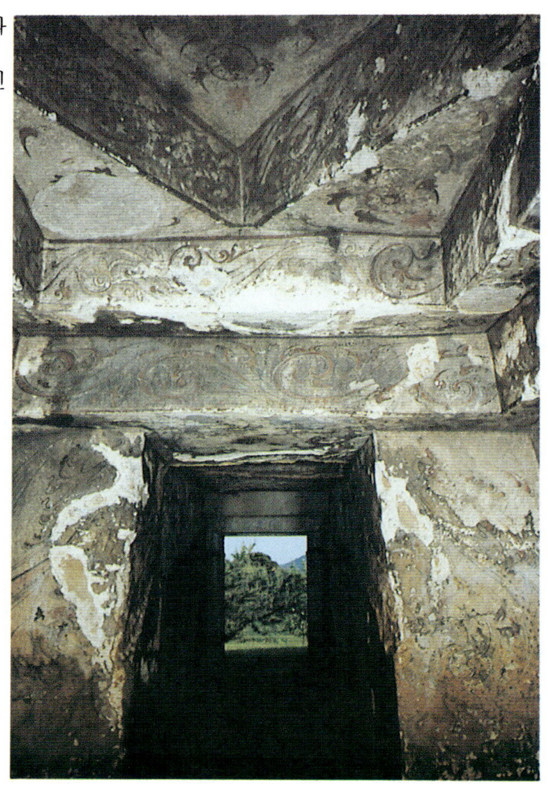

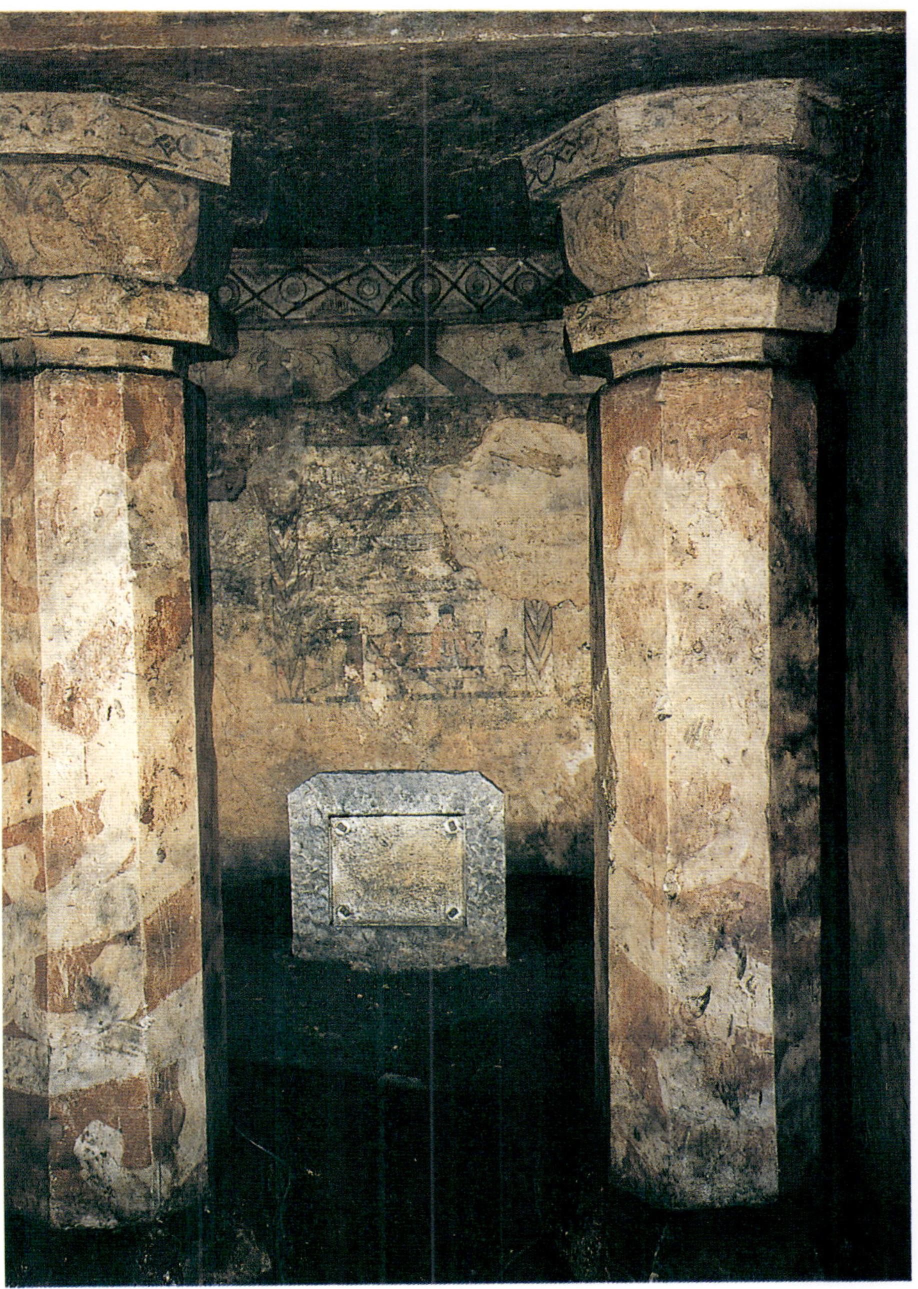

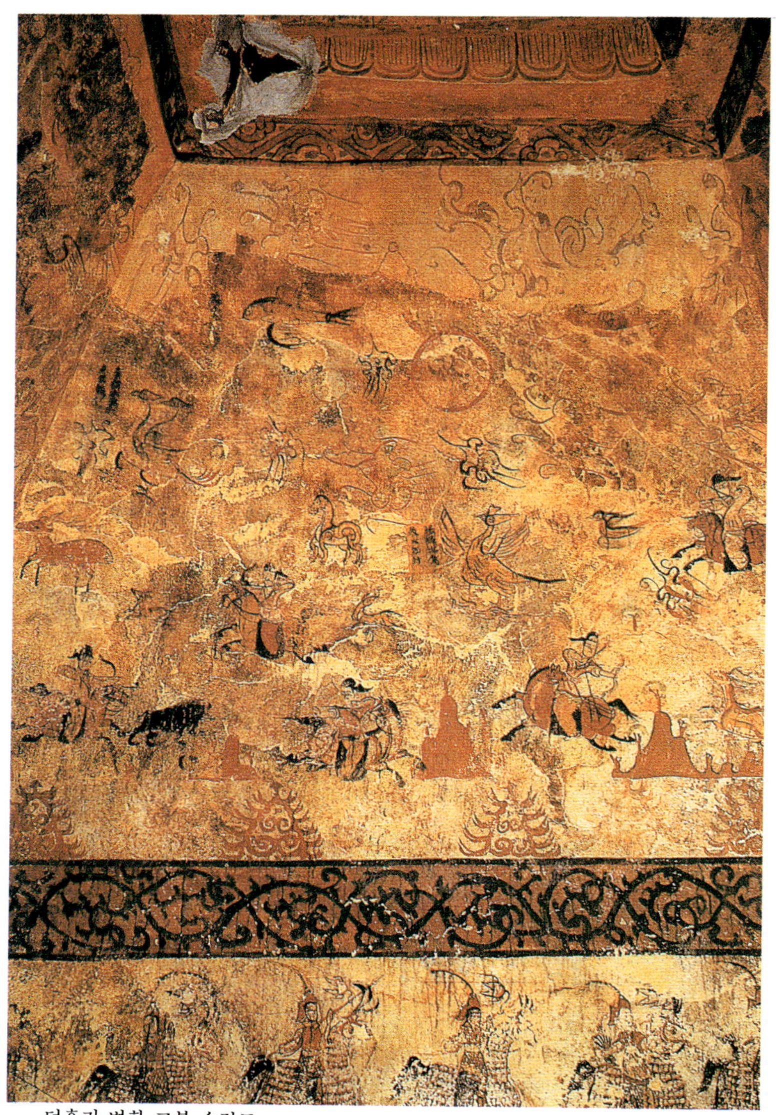

덕흥리 벽화 고분 수렵도

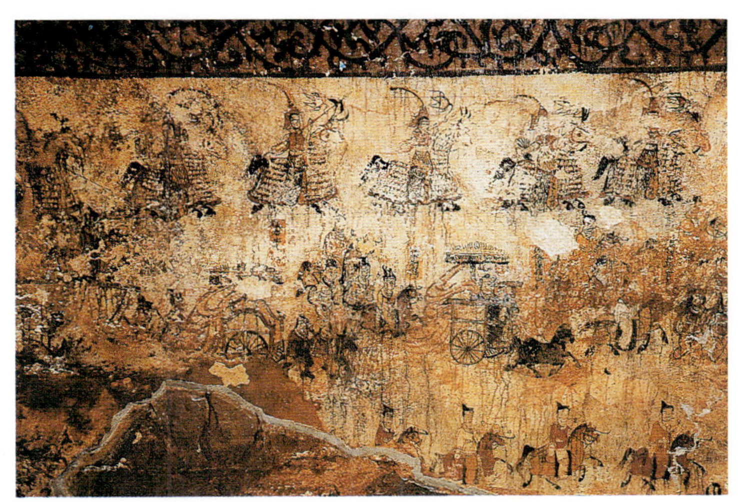

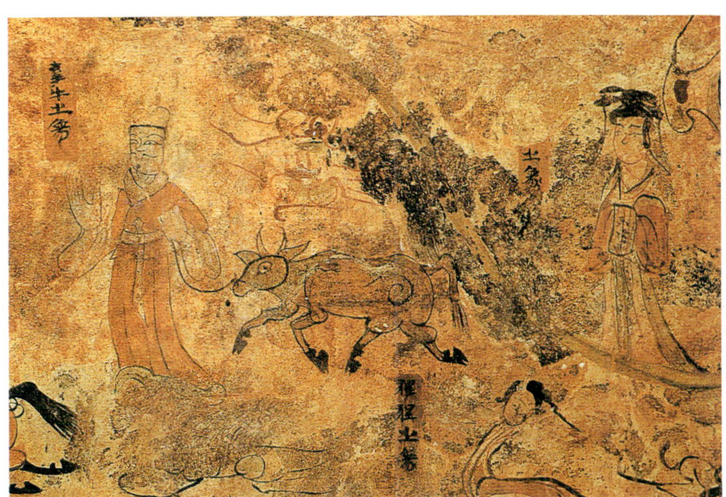

덕흥리 벽화 고분 행렬도(위)
덕흥리 벽화 고분 견우, 직녀도(아래)

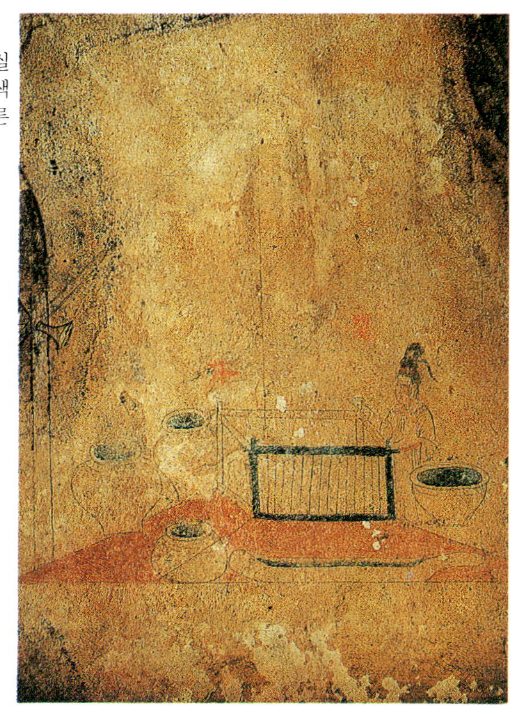

안악 제3호분 우물 그림 전실 동측실
북벽에 그려진 이 우물 그림에는 붉은색
으로 우물 정(井)자를 써 놓았다.(오른
쪽)
덕흥리 벽화 고분 기마 사희도(아래)

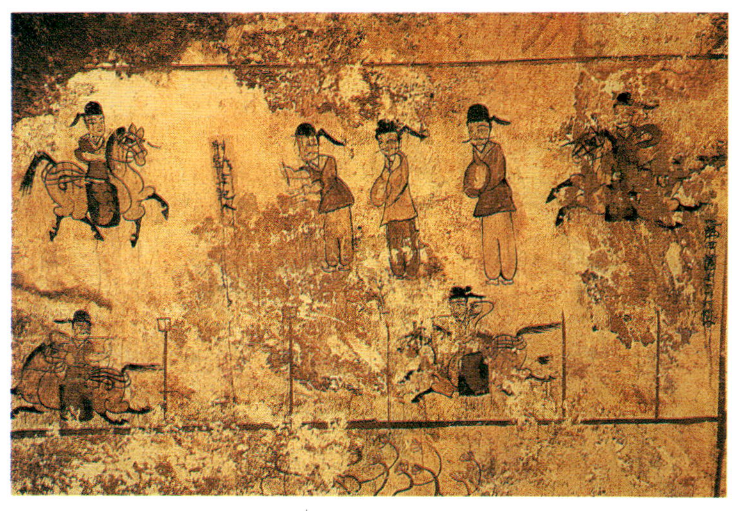

천장에는 해, 달, 별, 구름 등과 함께 비천(飛天), 신선(神仙), 기린
(麒麟), 봉황(鳳凰), 이금괴수(異禽怪獸), 사신수인 청룡(青龍), 백호
(白虎), 주작(朱雀), 현무(玄武) 등을 그렸고 또 구름 무늬, 연꽃
무늬, 보륜 무늬, 당초 무늬, 인동 무늬, 불꽃 무늬 등 각종 아름다운
무늬를 그려 다채롭게 묘실 내부를 장식하였다. 벽화 가운데에서

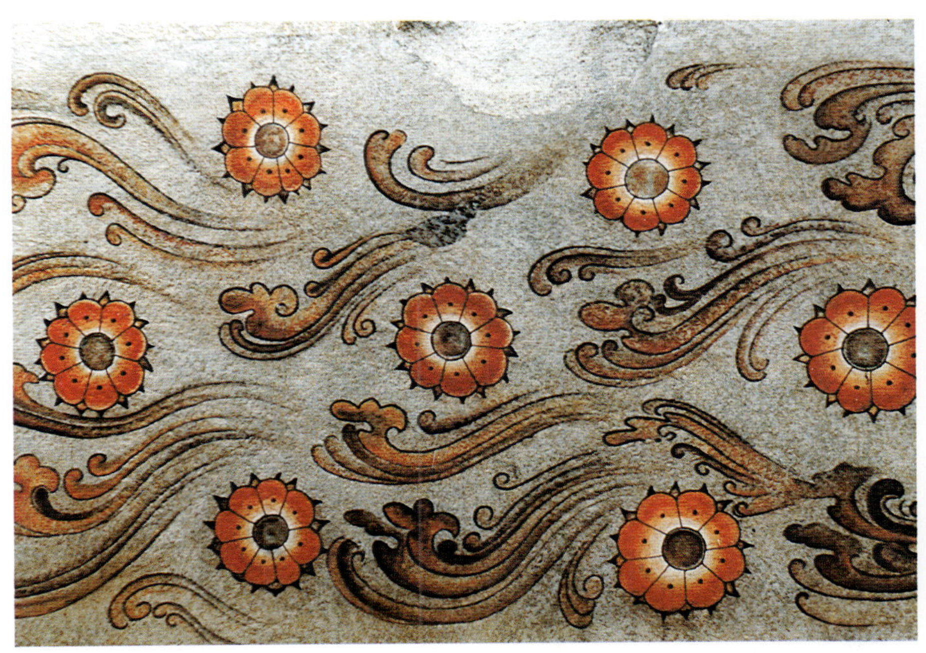

부여 능산리 벽화 고분의 비운 연화도 현실 천장 덮개돌에 연꽃 무늬 7개를 배치하고
연꽃 사이 및 그 주위에 구름 무늬를 그렸다.

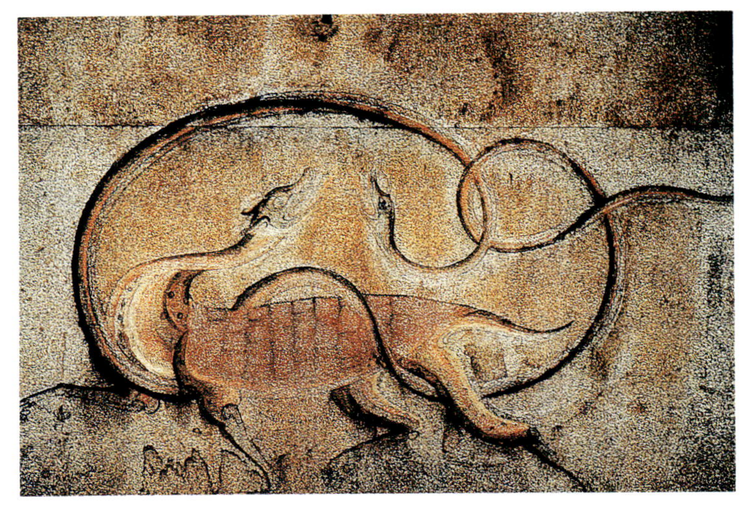

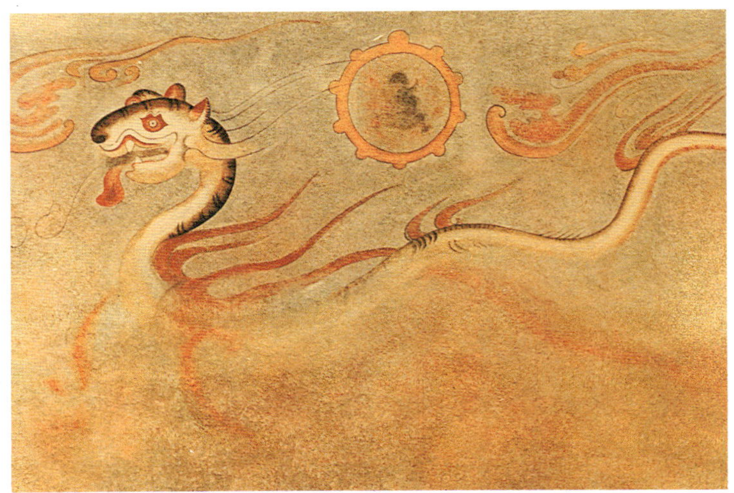

강서 대묘 현실 북벽 현무도(위)

부여 능산리 벽화 고분의 백호도 현실 서벽에 그린 백호도로서 백호 동체 위에는 달을
  상징하는 두꺼비를 중심에 배치한 원이 그려져 있다.(아래)

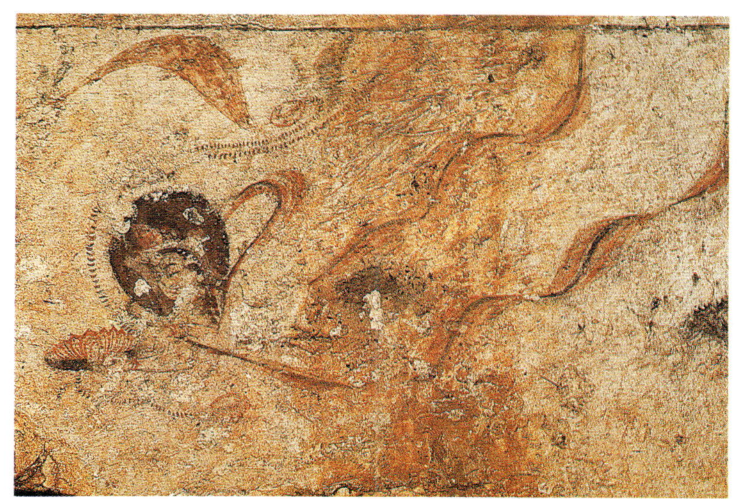

안악 제2호분 비천도 현실 동벽에 그려진 비천은 고구려 벽화 가운데서도 두드러진 아름다움을 보이는 회화 작품이다.

입구 벽면에 그린 수문장은 묘실의 수호신을 의미하는 것으로 보며 공양도(供養圖)와 비천은 불교 신앙을 반영하는 것이고 신선은 불로 장수(不老長壽)를 뜻하는 신선 사상을 반영한 것으로 보아야 하겠다. 벽화의 비천은 하늘을 날면서 연꽃을 뿌리며 각종 악기를 갖고 음악을 연주하고, 신선은 십장생(十長生)에 드는 학, 사슴과 상서 동물인 기린, 봉황, 괴수 또는 범, 용을 타고 하늘을 날아다닌다. 이렇게 비천, 신선, 이금괴수 등을 벽화 내용으로 취급하는 것은 신비 사상의 소산으로 보며 벽사, 수호, 상서, 영원, 청정 등을 뜻하는 그림으로서 이미 중국의 한(漢), 위(魏), 육조시대(六朝時代)에 즐겨 그렸던 것이다.

한편 위에서 보아 온 바와 같이 인물 풍속도를 주제로 한 벽화 고분에서 볼 수 없었던 사신도와 함께 공양도 및 비천도 등 일련의 새로운 그림들이 벽화 내용으로 포함되었다.

진파리 제1호분 수목도

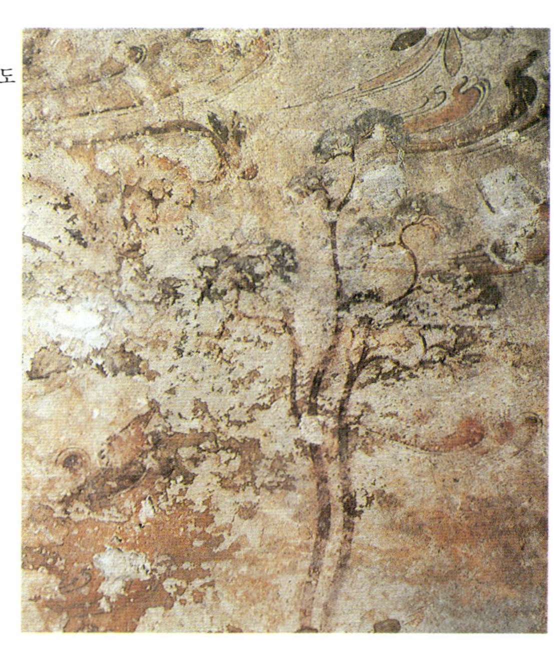

통구 사신총 북벽 현무도

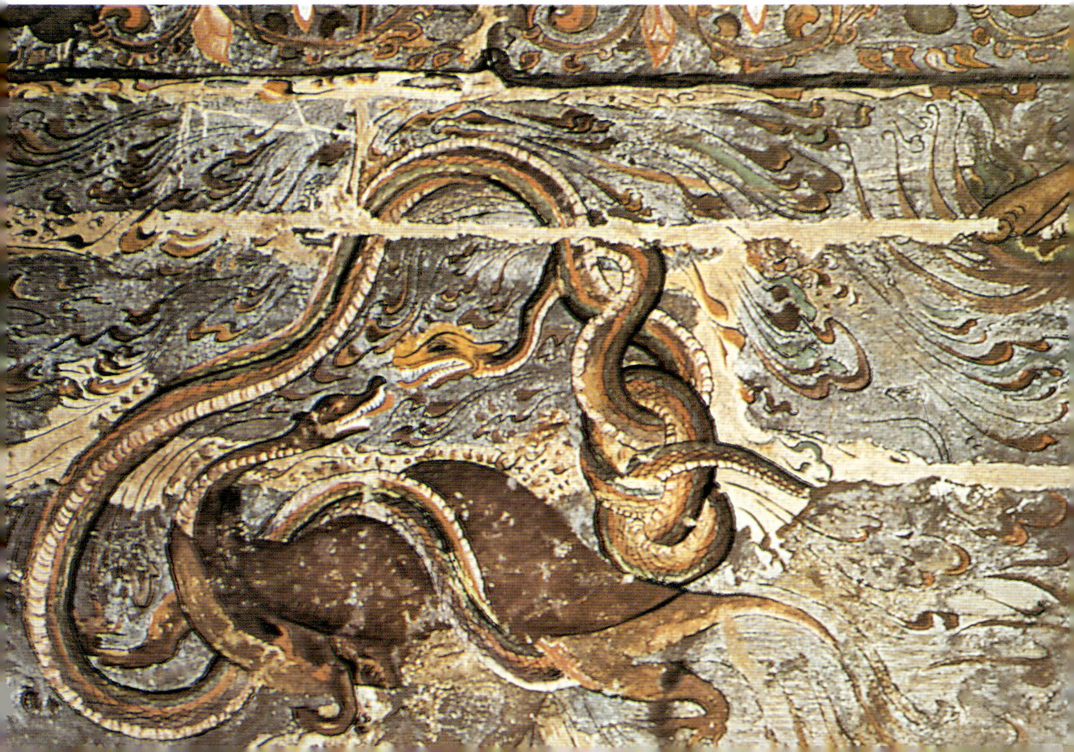

사신도를 벽화 내용의 주제로 한 벽화를 보면 현실의 네 벽 중앙에 청룡, 백호, 주작, 현무 등 사신이 그려져 있다. 이 사신도는 방위신을 나타내는 것으로서 방위신에는 원래 청룡, 백호, 주작, 현무, 황룡(黃龍) 등 오신수(五神獸)가 있는데 벽화에서는 황룡을 그리지 않는 경우가 많다.

신수는 음양오행설(陰陽五行說) 및 28수법(二十八宿法)과 관련된 것으로서 28개의 성좌(星座)를 중앙, 동, 서, 남, 북의 다섯 방향에 따라 나누고 그 성좌들의 모양을 따서 환상적인 신수를 만들고 그것을 숭배하였는데 그것이 바로 방위신인 것이다. 또 방위신은 방위에 따라 빛깔과 형태를 각기 달리하는데 중앙에는 황룡, 동쪽에는 청룡, 서쪽에는 백호, 남쪽에는 주작, 북쪽에는 뱀과 거북이가 얼킨 현무를 각기 배치하였다. 그리고 천장에는 신선, 비천, 기린, 봉황, 상서 동물 등과 해, 달, 별 및 인물상을 그렸다.

일부 벽화 고분에는 사신도를 벽면의 중앙에 그리고 나머지 공백에는 산수화, 구름 무늬, 연꽃 무늬, 당초 무늬 또는 인동잎 무늬 안에 인물 입상을 그린 나뭇잎 무늬라든가 불꽃 무늬, 인동 무늬를 그린 나뭇잎 무늬 등을 가득 그려서 마치 사신도를 장식 무늬의 바탕에 그린듯한 느낌을 갖게 하고 있다. 연도에는 수문장을 그리고 벽 모서리에는 고임돌을 받쳐든 괴수를 그리기도 하였다. 천장의 중앙에는 황룡 또는 연꽃 무늬를 그리고 고임돌에는 앞에서 본 각종 무늬를 그려 장식하였다. 요컨대 사신도를 벽화 내용의 주제로 한 고분 벽화에 있어서는 사신도가 중심 위치를 차지하고 있다.

한편 백제의 벽화 고분인 공주 송산리 제6호분의 벽화 내용은 현실 네 벽의 중앙에 사신도를 그렸으며 대체로 고구려 고분 벽화의 사신도를 연상시키고 있다. 부여 능산리 고분의 벽화 내용은 현실 네 벽에 사신도를 그리고 천장에는 연꽃 무늬와 나는 구름 무늬를 그렸다.

109쪽 사진

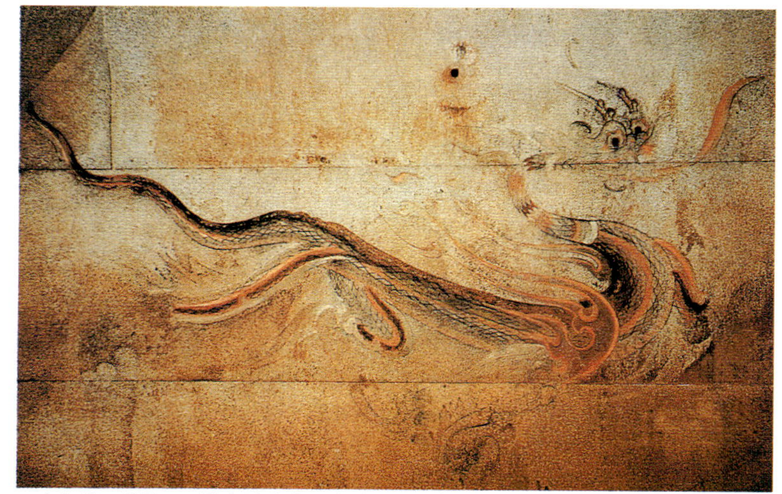

강서 대묘 청룡도　현실 동벽에 그린 청룡도로서 두 가닥 뿔에 긴 혀를 내민 오색 찬란한 청룡이 하늘에서 내려와 땅에 첫발을 딛고 기운을 토하면서 질주하는 태세이다.

　　신라의 벽화 고분인 어숙묘의 벽화 내용은 벽화의 박락이 심하여 지금은 현실의 동, 서벽과 연도의 좌우벽에 화제를 알 수 없는 벽화의 흔적이 남아 있고 돌문의 표면에 그려 있는 인물상과 연도의 천장에 남아 있는 연꽃 무늬만이 확인될 뿐이다. 순흥 읍내리 벽화 고분의 벽화 내용은 묘실 안의 침수에 의하여 지극히 심하게 박락, 훼손되었는데 현실 동벽에 봉황두도(鳳凰頭圖)가 남아 있고 남벽에

115쪽 위 사진　묵서명문(墨書銘文)과 어형기(魚形旗)를 왼손에 쥐고 있는 인물상 일부가 남아 있으며 북벽에는 산악도(山嶽圖), 서조도(瑞鳥圖), 연화도(蓮花圖) 등이 그려져 있다. 그리고 서벽에는 수목도(樹木圖)와 가옥도가 보이고 서벽 남단에 그린 역사도(力士圖)는 매우 선명하게 남아 있다. 이 벽화의 역사는 잠방이 차림의 반나체로서 오른손으로 뱀의 목을 쥐고 왼손으로 뱀의 꼬리 부분을 쥐고서 현문으로부터 연도 쪽으로 달려나가려는 힘찬 자세를 취하고 있다. 연도 동측벽에

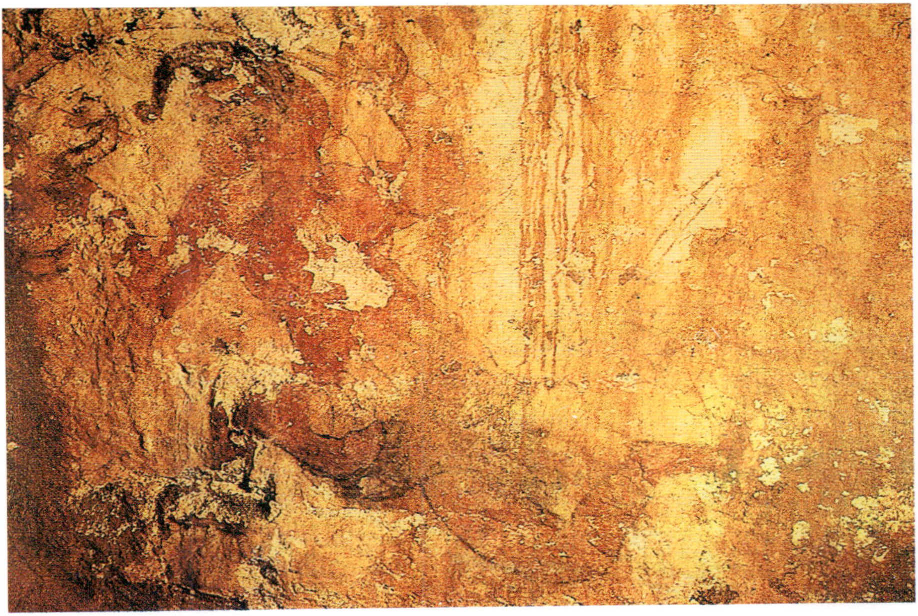

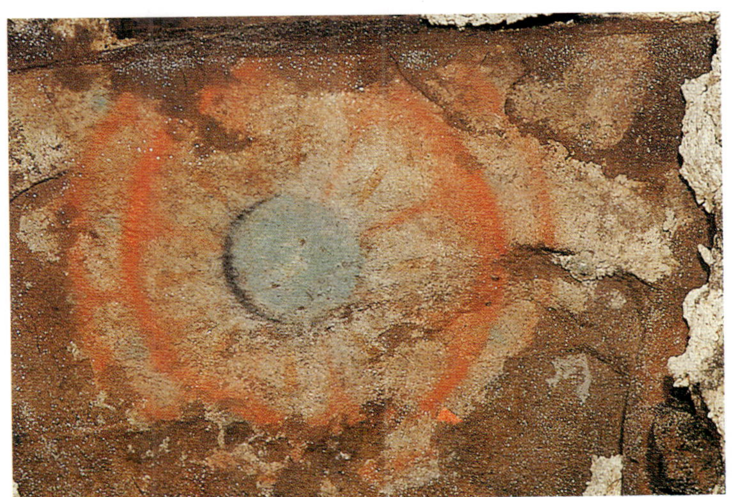

순흥 읍내리 벽화 고분 역사도 서벽 현문 입구에 그려져 있다.(위)
고령 고아동 벽화 고분 천장 연화도 꽃방은 녹색이고 꽃잎 둘레에는 분홍색을 무지개
  빛깔처럼 칠했으며 중심부는 흰색으로 남겼다.(아래)

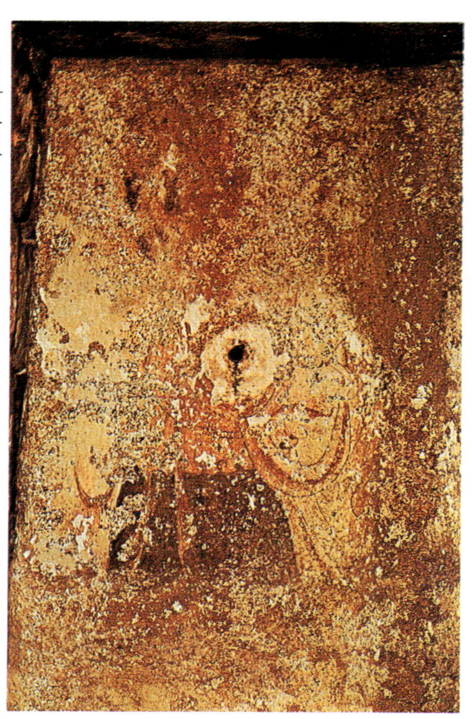

순흥 어숙묘 인물상 양다리를 벌리고 서 있는 인물상은 긴 저고리에 통이 넓은 바지를 입고 천의를 걸치고 있다.

는 반나체 인물의 상반신상이 그려 있고 관대 서측면에는 얼핏 보기에는 불꽃 무늬 같기도 하고 또 반절 연꽃 무늬 같기도 한 그림이 그려져 있다.

115쪽 아래 사진

가야의 벽화 고분인 고령 고아동 벽화 고분은 박락이 극심하여 지금은 연도 천장과 현실 천장에 남아 있는 연꽃 무늬밖에 알 수 없다.

지금까지 우리나라 삼국시대부터 통일신라시대까지 이르는 시기에 영조된 고분을 구조 형식면에서 개관하였다. 그러나 고분의 성격을 깊이 있게 이해하려면 고분의 출토 유물 곧 부장품에 관하여서도 종합적이고 체계적인 고찰, 검토가 이루어져야 하겠다.

고분 관련 개정 용어

한국고고미술연구소 꿰 「한국고고학개정용어집」 中에서

- **관(棺)⇒널(coffin)**
  주검을 넣는 궤로서 일반적으로 나무로 만들어진 것을 가리킴
- **곽(槨)⇒덧널(outer coffin)**
  널을 넣기 위해 따로 짜맞춘 시설로서 일반적으로 나무로 만들어진 것을 가리킴
- **연도(羨道)⇒널길(tomb entrance passage)**
  무덤의 입구에서 주검이 안치되어 있는 방에 이르는 통로
- **연문(羨門)⇒널문(tomb entrance)**
  무덤 밖에서 널길로 통하는 문
- **관대(棺臺)⇒널받침(platform for coffin)**
  널을 받쳐 두기 위해 만든 시설
- **현실(玄室)⇒널방(main chamber)**
  무덤 속의 주검이 안치되어 있는 방
- **적석(積石)⇒돌무지(stone mound)**
  선사시대의 무덤 가운데 고인돌이나 돌널무덤의 둘레에 쌓아둔 무덤 보호 시설로서의 구조물
- **부장품(副葬品)⇒껴묻거리(funerary objects)**
  주검을 묻을 때 같이 넣는 여러 가지 패물이나 그릇 및 연장들
- **수혈식(竪穴式)⇒구덩식(vertical digging)**
  무덤을 만드는 방법 가운데 위에서 밑으로 주검을 넣도록 되어 있는 형식

· 횡혈식(橫穴式)⇒굴식(horizontal digging)

주검을 묻기 위해 지면과 수평으로 판 통로를 통해 주검이 안치 되
는 방으로 들어가는 무덤 형식
· 토광묘(土壙墓)⇒널무덤(wooden coffin tomb)

구멍을 파고 널에 넣은 주검을 묻는 무덤
· 토광목곽묘(土壙木槨墓)⇒덧널무덤(outer coffin tomb)

구멍을 파고 널을 넣은 덧널 시설이 이루어진 무덤
· 옹관묘(甕棺墓)⇒독무덤(jar coffin)

토기를 이용하여 만든 무덤의 하나로 보통 토기를 두 개 맞붙여 만
드나 한 개 또는 세 개 이상의 것도 있다
· 석관묘(石棺墓)⇒돌널무덤(stone cist)

깬 돌이나 판 돌을 잇대어 널을 만들어 사용한 무덤 형식
· 석곽분(石槨墳)⇒돌덧널무덤(stone lined tomb)

깬 돌 또는 판 돌을 섞어 쌓은 널길 없는 무덤
· 적석총(積石塚)⇒돌무지무덤(stone mound tomb)

주검을 넣은 궤 위를 봉토를 덮지 않고 돌만으로 쌓아 올린 무덤
· 적석목곽분(積石木槨墳)⇒돌무지덧널무덤(wooden chamber
tomb with stone mound)

나무 덧널 위를 사람 머리 크기의 냇돌로 덮어 쌓은 봉토 무덤
· 석실분(石室墳)⇒돌방무덤(stone chamber tomb)

널길이 달린 돌로 쌓아 만든 무덤
· 전축분(塼築墳)⇒벽돌무덤(brick chamber tomb)

벽돌을 쌓아 만든 무덤
· 이실분(二室墳)⇒두방무덤(dual-chamber tomb)

돌방무덤에서 두 개의 방이 한 봉토 안에 만들어진 무덤
· 시상(屍床)⇒주검받침(corpse board)

주검을 널에 넣지 않고 직접 안치해 두는 밑받침

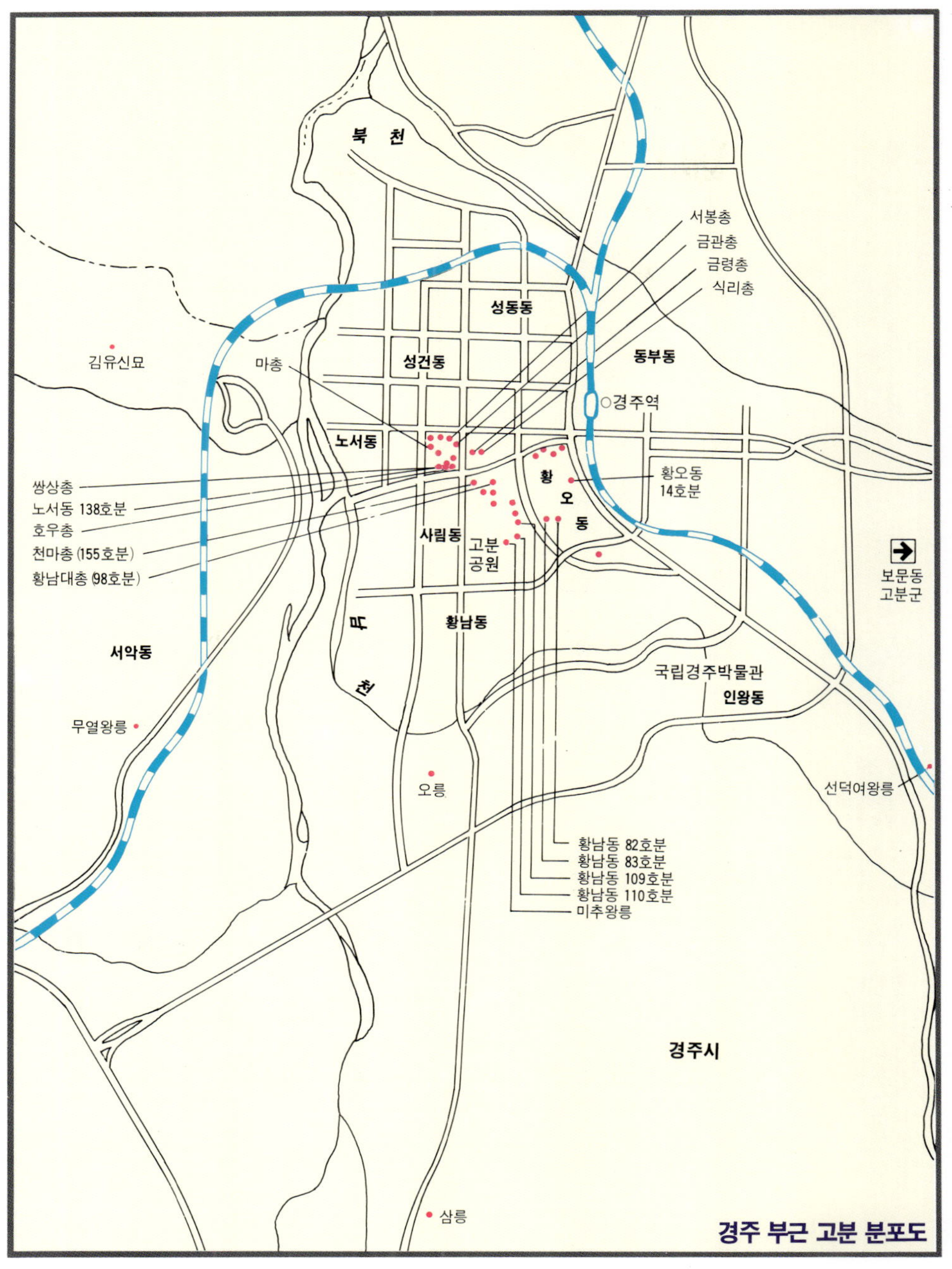

북 천
서봉총
금관총
금령총
식리총
김유신묘
마총
성동동
성건동
동부동
노서동
○경주역
쌍상총
노서동 138호분
호우총
천마총 (155호분)
황남대총 (98호분)
황오동
14호분
황
오
동
사림동
고분
공원
서악동
무열왕릉
문
천
황남동
국립경주박물관
인왕동
보문동
고분군
선덕여왕릉
오릉
황남동 82호분
황남동 83호분
황남동 109호분
황남동 110호분
미추왕릉
경주시
삼릉
경주 부근 고분 분포도

동 해
개성
임 진 강
춘천
가평 이곡리
서울 중곡동
인천
서울 방이동 암사동
서울 가락동
양평 단석리
서울 석촌동
여주 보통리
여주 상리
여주 매룡리
화성 백곡리
수원
서산 명지리
청주
청주 신봉동
보령 장현리
창암리
구룡리
공주 고분군
대전
논산 표정리
신흥리
육곡리
부여 고분군
익산 석왕리
신왕리
완주 둔산리
전주
대구
황 해
임실 금성리
부안 당하리
정읍 운학리
남원 두락리
초촌리
월산리
고창 신월리
송룡리
상갑리
매산리
나주 흥덕리
대안리
신촌리
덕산리
영 산 강
창원
함평 마산리
초포리
월호리
예덕리
광주
광주 지산동
영암 내동리
만수리
섬 진 강
낙 동 강
범 례
적석총
토광묘
전축분
석실분
옹관묘
화장묘
제주

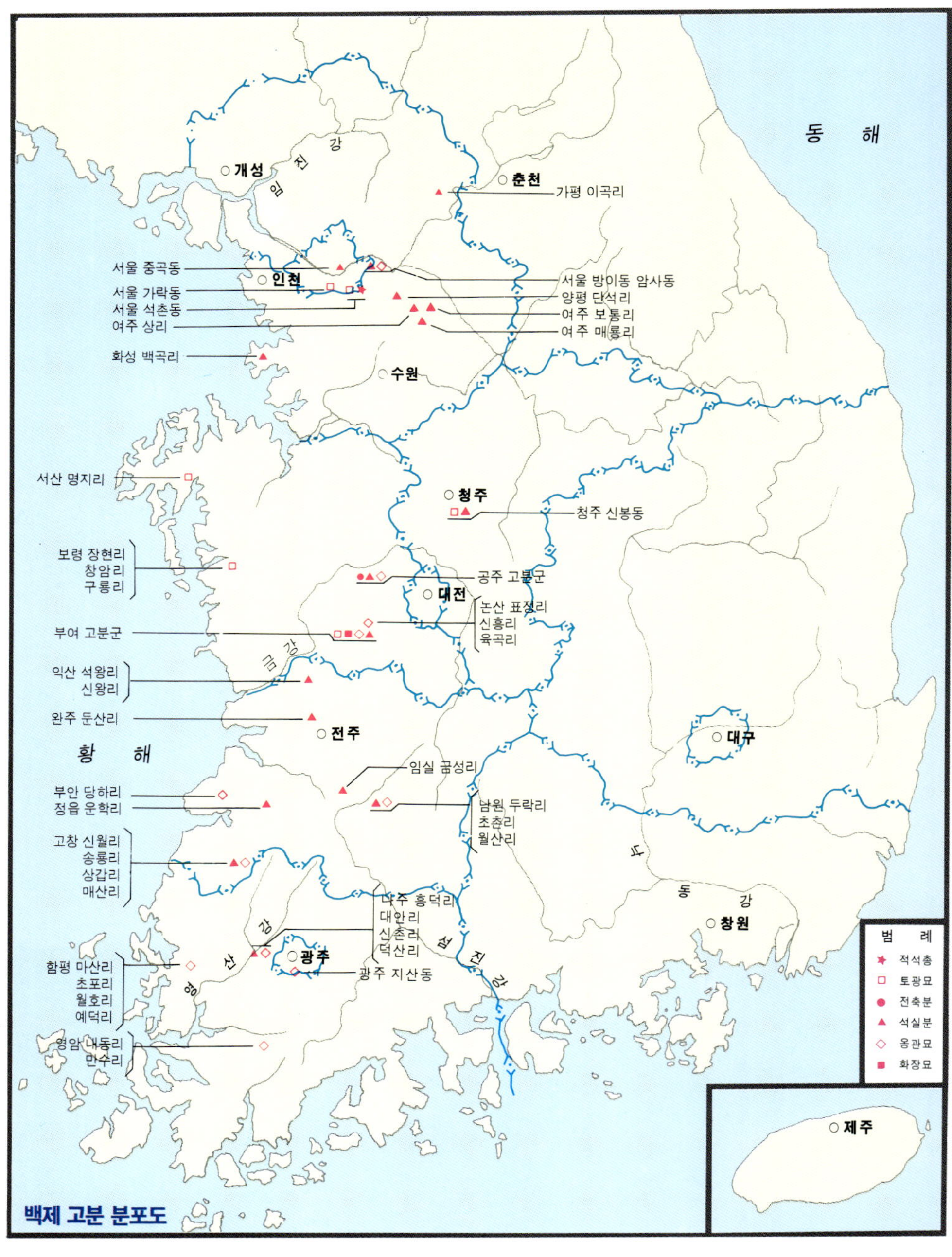

백제 고분 분포도

빛깔있는 책들 102-22

고분

글	—김기웅
사진	—김기웅
발행인	—장세우
발행처	—주식회사 대원사
주간	—박찬중
편집	—김한주, 신현희, 조은정, 황인원
미술	—차장/김진락 윤용주, 조옥례
전산사식	—김정숙, 육양희, 이규헌

첫판 1쇄 —1991년 3월 30일 발행
첫판 8쇄 —2004년 8월 30일 발행

주식회사 대원사
우편번호/140-901
서울 용산구 후암동 358-17
전화번호/(02) 757-6717~9
팩시밀리/(02) 775-8043
등록번호/제 3-191호
http://www.daewonsa.co.kr

이 책에 실린 글과 그림은, 저자와 주
식회사 대원사의 동의가 없이는 아무
도 이용하실 수 없습니다.

잘못된 책은 책방에서 바꿔 드립니다.

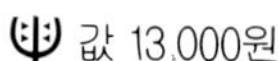 값 13,000원

Daewonsa Publishing Co., Ltd.
Printed in Korea(1991)

ISBN 89-369-0037-4 00380

빛깔있는 책들

민속(분류번호 : 101)

고미술(분류번호 : 102)

불교 문화(분류번호 : 103)

음식 일반(분류번호 : 201)